SPEAK INDONESIAN WITH CONFIDENCE

ESSENTIAL INDONESIAN

PHRASEBOOK & DICTIONARY

Revised Edition

Hai, apa kabar?
Hi, how are you?

Anda dari mana?
Where are you from?

Saya dari Amerika.
I'm American.

Tim Hannigan and Katherine Davidsen

TUTTLE Publishing
Tokyo | Rutland, Vermont | Singapore

Contents

Introduction

Welcome to the Tuttle Essential Language series, covering all the most popular Asian languages. These books are basic guides to communicating in the language. They're concise, accessible and easy to understand, and you'll find them indispensable on your trip abroad to get you where you want to go, pay the right prices and do everything you've been planning to do.

This book is divided into 14 themed sections. It starts with a pronunciation guide which explains the pronunciation of all the words and sentences you'll be learning, and a grammar guide to help you construct basic sentences in Indonesian. The back of this book has a handy English–Indonesian dictionary that you can use to look up basic words.

Throughout the book you'll come across boxes with the 🌐 sign beside them. These are designed for situations where you don't understand what someone is saying to you. You can show the book to them and ask them to point to the correct answer to the question you are asking.

Other boxes in the book—without the symbol— provide listings of themed words with their English translations beside them.

For extra clarity, all Indonesian words and phrases are in italics.

This book covers every situation you are likely to encounter during your visit, from checking into a hotel to booking a bus or train ticket to shopping and ordering food and drinks at a restaurant. It even tells you what to say if you get lost or if you lose something. With over 2,000 commonly-used words and phrases at your fingertips you can rest assured that you will be able to deal with any situation, so let *Essential Indonesian* become your passport to learning to speak with confidence!

Pronunciation guide

Unlike English, Indonesian uses a very consistent phonetic spelling system and once you've learnt the rules you should be able to work out how to say any word you see written down. For the most part, it's relatively easy for English speakers to get to grips with basic Indonesian pronunciation, though learning to accurately mimic the native speaker-style intonation takes a bit longer. Generally a fairly equal stress is placed on the different syllables in Indonesian words, though a slight extra stress is often placed on the next to last syllable in words of three syllables or more.

Consonants

The consonants **b**, **d**, **f**, **g**, **j**, **k**, **l**, **m**, **n**, **p**, **s**, **t**, **w** are all pronounced about the same way as in English.

The letters **q**, **v**, **x**, **z** are very rare in Indonesian and usually only appear in loanwords from other languages. **Q** is pronounced like **k** in English. **Z** sometimes sounds similar to **j** in English.

Consonants that are pronounced differently in Indonesian from English are the following:

c pronounced like the **ch** in *church*; example: *cokelat* = "chocolate"

kh a raspy **k** sound like the **ch** in *loch*; example: *khidmat* = "service"

ny pronounced like the **ny** in *canyon*; example: *tanya* = "to ask"

r rolled, as in Spanish or Italian; example: *tari* = "to dance"

sy pronounced like the **sh** in *shall*; example: *syarat* = "conditions"

The Indonesian consonant that generally gives English speakers most trouble is **ng**, although it is actually a sound that commonly occurs in English. The important thing to remember is that the sound changes slightly if it is immediately followed by another **g**.

ng pronounced like the **ng** in *singer*; example: *ingat* = "to remember"

ngg pronounced like the **ng** in *anger*; example: *tanggal* = "date"

Aspirated and unaspirated consonants

H is aspirated—given an extra little push of breath—when it occurs at the end of a word; at the start or middle of a word it is pronounced as in English.

Examples:
tanah = "land"
tahan = "to hold"

K and **t** are unaspirated when they appear at the end of the word—they are cut short, without the final little push of breath that would be present in English.

Examples:
tarik = "to pull"
pahit = "bitter"

Vowels and diphthongs

a as in *car*

e as in *get*

i as in *hit*

o as in *bob*

u as in *put*

Diphthongs

ai like the *ie* in *tie*

au like the *ow* in *cow*

oi like the *oi* in *coin*

ua like *uer* in *truer*

Basic grammar guide

At a basic level, Indonesian grammar is relatively simple. In the formal and written language things get a little more complex, but many of the complicated constructions are mainly used in writing or in formal situations and can be dropped in everyday speech.

1 Sentence Word Order

The most basic sentence structure in Indonesian is the same as in English: **subject + verb + object**, for example:

Saya makan nasi. ("I eat rice.")

Nouns and modifiers, however, are placed in the reverse of the English word order. "Big house" is *rumah besar*, literally "house big". The order is also reversed in indications of possession. "My car" is *mobil saya*, literally "car my".

Articles like "the" and "a/an" are not used in Indonesian in the same way as they are in English; however, the words *ini* ("this") and *itu* ("that") are often placed after nouns to specify which noun is being referred to:

this car = *mobil ini*
that car = *mobil itu*

2 Personal Pronouns

Personal pronouns remain fixed in Indonesian, and the same pronoun is used for "he/she/him/his/her". There's no gender difference between "he" and "she" (both *dia*). However, there are formal and informal versions of "you" and "I", different words for plural and singular "you", and inclusive and exclusive versions of "we". See the table below for details.

But, in everyday conversations, many of these distinctions are not used and Indonesians are wonderfully forgiving about minor grammatical infractions (i.e., using the incorrect form).

However, it is a good idea to always start out by addressing people you meet using the more formal and common pronouns (see below). Only use the informal pronouns with people you know well.

Here is a table showing the common Indonesian pronouns:

	FORMAL	INFORMAL
I/me/my/mine	*saya*	*aku*
you/your/yours (singular)	*anda*	*kamu*
he/she/him/his/her/hers	*dia*	
we/our/ours (not including the listener)	*kami*	
we/our/ours (including the listener)	*kita*	
you/your/yours (plural)	*kalian*	
they/their/theirs	*mereka*	

It is normal in Indonesian to drop pronouns altogether in simple sentences. **Suka kopi?** (literally, "Like coffee?") can be used instead of "Do you like coffee?" And you simply reply **Suka!** as a statement, this time meaning "I like." (instead of **Saya suka kopi.**).

3 Verbs

Indonesian verbs have a simple root form to which prefixes and suffixes are added, such as **mem-**, **ber-**, **-kan**, etc. For instance, the word "to take" in Indonesian is **membawa** (made of the root verb **bawa** + the active verb prefix **mem-**). Fortunately, in everyday speech Indonesians often use the root verb alone, so you can just say **bawa** instead of **membawa** to mean "take".

The verb "to be" doesn't exist in Indonesian in the same way as it does in English, so the sentence "I am sick." is translated as **Saya sakit.** (literally, "I sick."). However, the much-used word **ada** ("to have") is a very useful equivalent to "there is/there are". **Ada hotel** means "there is a hotel/there are hotels".

Verbs are fixed and do not change according to tense, quantity or gender. Time is indicated by adding time words such as **sudah**

("already"), **belum** ("not yet"), **pernah** ("have ever"), **akan**
("will"), **sedang** ("currently") before the verb. In practice it's
usual to leave these words out, if the timeframe is already clear
from the context, so in everyday speech "will go", "going",
"went", and "have gone" can all be translated as **pergi** ("go").
See Tenses on page 11 below.

Indonesians tend to use passive verb forms much more often
than in English. The passive form is usually formed by placing
the object of the action at the beginning of the sentence and
adding the prefix **di-** to the root verb. **Dia bawa mobil** means "he
used the car"; **mobil dibawa dia** means "the car was used by
him", with **di-** + **bawa** creating the passive verb form.

Some useful verbs:

to own, to have **punya**	to like **suka**
to need **perlu**	to know **tahu**
to want **mau**	to look for **cari** (pronounced "chari")

4 Plurals

It is not necessary to indicate a plural noun in Indonesian. All
nouns can be either singular or plural, and quantity is implied
by the context. "One person" is **satu orang**, and "two people" is
dua orang (literally, "two person"); "many people" is **banyak
orang** (literally, "many person"). Sometimes nouns are doubled
but this is mainly done to indicate variety rather than quantity,
for example, **ada hotel-hotel** ("there are [many kinds of] hotels").

5 Comparisons

To form comparisons (the equivalent in English -er, -est), the
words **lebih** ("more"), **kurang** ("less") and **paling** ("most") are
added before an adjective. The word **daripada** equates to "than".

For example:

beautiful **indah**	less beautiful **kurang indah**
more beautiful **lebih indah**	most beautiful **paling indah**

That hotel is more expensive than this hotel.
Hotel itu lebih mahal daripada hotel ini.

6 Questions

The commonest way to form a question in Indonesian is through the use of intonation, adding a rising questioning tone at the end of the sentence. The word order does not change as it does in English.

Is there a hotel there?
Ada hotel disana?

There is a hotel there.
Ada hotel disana.

If you want extra clarity you can add the question word **Apakah** ("Is it so?") in front of the sentence: **Apakah ada hotel disana?**

Other question words:

Why? **Kenapa?**

How? **Bagaimana?**

How many/How much? **Berapa?**

When? **Kapan?**

Who? **Siapa?**

Which? **Yang mana?**

Where? **Dimana/Mana?**

7 Yes and No

yes **ya**

no **tidak**

not **bukan**

Tidak applies to verbs and adjectives; **bukan** applies to nouns. Negations always go before the word they are describing.

There is no hotel here.
Tidak ada hotel disini.

That's not a hotel.
Itu bukan hotel

I can.
Saya bisa.

I cannot.
Saya tidak bisa.

The response to questions featuring a verb, whether positive or negative, is usually to repeat the verb, rather than to say "yes" or "no". For example, to the question **Ada hotel disini?** ("is there a hotel here?") the response would either be **Ada.** (literally, "There is."), or **Tidak ada.** (literally, "There is not.") rather than simply **ya** or **tidak**.

In everyday speech the word **tidak** "not" is often shortened to **nggak** or **gak**, or **tak**. to

8 Terms of Address

Much value is placed on politeness in Indonesia, and it always is best to stick to the formal versions of "I" and "you" (**saya** and **anda**) when addressing someone until you hear the person you're speaking to start to use the more informal versions (**aku** and **kamu**).

Several different terms of address are used in Indonesian, but use the most standard ones. The commonest ones are **bapak** for men (shortened to **pak**; literally, "father" but equivalent to "sir" or "Mr." in English) and **ibu** for women (shortened to **bu**; literally, "mother" but equivalent to "madam" or "Mrs."). You can use these in place of personal pronouns, for example, **Bapak mau yang ini?** ("Would you like this one, sir?") **Bapak** and **ibu** are followed by the person's first name, for example: **Pak Bill** ("Mr. Bill"), or **Ibu Janet** ("Mrs. Janet") which seems strange in English but is normal in Indonesian. Most Indonesians rarely use surnames and address everyone by their first name only, preceded by **Pak** or **Ibu**.

9 Tenses

The same phrase can refer to an event or action occurring in the past, the present and the future. In situations where you need to clarify when something happened, you can add specific time words. Thus, "I buy bananas" or **Saya beli pisang** in the future tense becomes "I will buy bananas tomorrow" or **Saya akan beli pisang besok**. And to say you've already bought bananas would be **Saya sudah beli pisang**.

will	**akan**	already	**sudah**
to have ever	**pernah**	not yet	**belum**
in the middle of	**sedang**		

1. Greetings and Requests

Indonesians are very friendly and courteous. A handshake is the commonest form of greeting amongst both men and women, though occasionally some conservative women may avoid shaking hands with a man. A smile is a sign of goodwill, and calmness and good manners are greatly admired. Displays of aggression are frowned upon, and gestures such as standing with your hands on your hips or crossing your arms over your chest should be avoided.

The left hand is considered unclean so do not give or receive things with it. Only use your right hand. Pointing with the fingers or feet is considered rude. Use your thumb to point and don't cross your legs when sitting with someone. It is also advisable not to touch anyone (including children) on the head as that is seen as sacred. If you visit an Indonesian home, a mosque or a temple, remove your shoes before entering.

Indonesians love small talk (*obrolan*), so expect to be asked all sorts of personal questions about your age, religion and marital status by virtual strangers. Dress, particularly for women, should always be modest. Above-the-knee shorts and revealing tops are inappropriate.

1.1 Greetings

Morning.	*Pagi.*
Good morning, sir.	*Selamat pagi, Pak.*
Good morning, madam.	*Selamat pagi, Ibu.*
Good morning, Sri.	[formal] *Selamat pagi, Ibu Sri.*
Good morning, Peter.	[formal] *Selamat pagi, Pak Peter.*
Hello, Peter.	*Halo, Peter.*
Hi, Sri.	*Hai, Sri.*
midday	*siang*
Good day, madam.	*Selamat siang, Ibu.*
Good day, sir.	*Selamat siang, Pak.*
Good afternoon.	*Selamat siang./Selamat sore.*
late afternoon	*sore*
night	*malam*
Good evening.	*Selamat malam.*
How are you?	*Apa kabar?*
How are things?/How have you been?	*Bagaimana kabarnya?*
Fine, thank you, and you?	*Baik, terima kasih, dan Anda?*
Very well, and you?	*Baik-baik saja, dan Anda?*
So-so.	*Lumayan.*
Not very well.	*Kurang baik.*
The usual.	*Biasa saja.*
I'm going.	*Saya akan pergi.*
I have to leave now.	*Saya harus berangkat sekarang.*
I have to be going.	*Saya harus pergi.*
Someone's waiting for me.	*Ada yang menunggu saya.*

Goodbye. (to the person leaving)	*Selamat jalan.*
Goodbye. (to the person staying)	*Selamat tinggal.*
See you again.	*Sampai bertemu lagi.*
Until we meet again.	*Sampai jumpa lagi.*
See you later (today).	*Sampai nanti.*
Sweet dreams	*Mimpi manis.*
Sleep well.	*Selamat tidur.*
All the best	*Sukses!*
Have a nice vacation .	*Selamat berlibur.*
Bon voyage/Have agood trip.	*Selamat jalan.*
Give my regards to… .	*Titip salam untuk… .*
Say hello to… .	*Salam buat… .*

1.2 Asking a question

Who?	*Siapa?*	Who's that?	*Siapa itu?*
Who's this?	*Siapa ini?*	Who's there?	*Siapa di sana?*
What?	*Apa?*		
What is there [to see]?	*Ada apa di sana?*		
What is inside?	*Ada apa di dalam?*		
What is this?	*Apa ini?*		
What is that?	*Apa itu?*		
How many stars does this hotel have?	*Hotel ini bintang berapa?*		
Where? (location)	*Di mana?*		
Where's the bathroom?	*Kamar kecil di mana?*		
Where? (direction)	*Ke mana?*		

Where are you going?	*Anda akan pergi ke mana?*
Where are you from?	*Anda dari mana?*
How far is that?	*Berapa jauh itu?*
How big? [time]	*Berapa lama?*
How long does it take [to go there]?	*Berapa lama ke sana?*
How long is the trip?	*Berapa lama perjalanan ini?*
How many hours?	*Berapa jam?*
How much? (price)	*Berapa?*
How much is this?	*Berapa harga barang ini?*
What time is it?	*Jam berapa?*
Which one(s)?	*Yang mana?*
Which glass is mine?	*Gelas saya yang mana?*
When?	*Kapan?*
When are you going?	*Kapan anda pergi?*
Why?	*Kenapa?*
Could you…?/Can you…?	*Bisakah anda?*
Could you help me, please?	*Boleh saya minta tolong?*
Could you show me this, please?	*Dapatkah anda menunjukkan saya barang ini?*
Come with me, please.	*Tolong ikut saya.*
Could you help me book a ticket, please?	*Tolong pesan karcis untuk saya.*
Is there another hotel nearby?	*Ada hotel lain di sekitar sini?*
Do you know about …?	*Apa anda tahu…?*
Do you have…?	*Ada…?*
Do you have a…for me?	*Apakah ada…untuk saya?*

Do you have a vegetarian dish, please?	*Ada menu vegetarian?*
Do you have a vegan dish, please?	*Ada makanan vegan?*
I would like…	*Saya mau...*
I'd like a kilo.	*Saya mau satu kilo.*
Can I?	*Bisa saya?*
May l?	*Bolehkah saya?*
Can I take this?	*Bisa saya ambil ini?*
May I take this?	*Boleh saya ambil ini?*
May I smoke?	*Boleh saya merokok?*
May I ask you something?	*Boleh saya tanya?*

1.3 Making a request

There are several ways of asking for something in Indonesian.

to ask for [something]	*minta*
Can you help me?	*Bisa bantu saya?*
Please give me one.	*Minta satu.*
Please give me two.	*Minta dua.*
Please give me a beer.	*Minta bir.*
Please give me drinking water.	*Minta air minum.*
Please	*mohon* [polite]
Please wait.	*Mohon ditunggu.*
Please do not smoke.	*Mohon jangan merokok.*
I cannot stand cigarette smoke.	*Saya tidak tahan asap rokok.*

to help [do something]	*tolong*
Can you help me (do something)?	*Bisa tolong saya?*
Please show us that.	*Tolong kasih lihat itu.*
Please give me that one.	*Tolong kasih yang itu.*

1.4 How to reply

Yes, of course .	*Ya, tentu saja.*
No, I'm sorry.	*Tidak, maaf.*
Yes, what can I do for you?	*Ya, apa yang bisa saya bantu?*
Yes, how can I help?	*Ya, bisa dibantu?*
Wait a moment, please.	*Tunggu sebentar.*
No, I don't have time now.	*Maaf, saya tidak punya waktu sekarang.*
I'm sorry, I can't help you.	*Maaf, saya tidak bisa bantu.*
Sorry, that's impossible.	*Maaf, itu tidak mungkin.*
I think so.	*Saya rasa begitu.*
I think that's right.	*Saya rasa itu benar.*
Hopefully.	*Mudah-mudahan.*
No, not at all.	*Sama sekali tidak.*
Absolutely not.	*Tentu saja tidak.*
no one	*tidak seorangpun*
nothing at all	*tidak satupun.*
That's right.	*Betul.*
That's correct.	*Benar.*
Something's wrong.	*Ada yang tidak benar.*
That's wrong.	*Itu salah.*
I agree.	*Saya setuju.*

I don't agree.	*Saya tidak setuju.*
OK.	*Oke.*
It's nothing.	*Tidak apa-apa.*
No problem.	*Tidak masalah.*
All right.	*Baiklah.*
Perhaps.	*Mungkin.*
Probably.	*Barangkali.*
I don't know.	*Saya tidak tahu.*

1.5 Thank you

Thank you.	*Terima kasih.*
You're welcome.	*Sama-sama.*
Thank you very much.	*Terima kasih banyak.*
You're very kind.	*Anda baik sekali.*
My pleasure.	*Dengan senang hati.*
I enjoyed it very much.	*Saya senang sekali.*
Thank you for… .	*Terima kasih atas… .*
You're so kind.	*Anda sangat baik.*
That's nothing.	*Tidak apa-apa.*
You needn't to.	*Tidak usah.*
Thanks for your help.	*Terima kasih atas bantuannya.*
We'll pay next time.	*Lain kali kami yang membayar.*

1.6 I'm sorry

| Sorry . | *Maaf.* |
| to ask | *minta* |

Excuse me (to someone who's blocking your way)	*Permisi.*
Forgive me .	*Minta maaf.*
I'm sorry, I didn't know…	*Maaf, saya tidak tahu…*
I didn't mean that.	*Maksud saya bukan begitu.*
It was an accident.	*Itu tidak sengaja.*
That's all right/Never mind.	*Tidak apa-apa.*
Forget it.	*Lupakan saja.*
It could happen to anyone.	*Hal itu bisa terjadi pada siapapun.*

1.7 What do you think?

to like	*suka*
Which one do you prefer?	*Anda suka yang mana?*
Which one do you like best?	*Anda paling suka yang mana?*
What do you think?	*Bagaimana menurut Anda?*
What are you going to do?	*Apa yang akan anda lakukan?*
Do you like …?	*Anda suka …?*
l don't mind.	*Boleh saja.*
Well done!	*Bagus!*
Not bad.	*Lumayan.*
Great!	*Hebat!*
Wonderful!	*Bagus sekali!*
How lovely!	*Sungguh menyenangkan!*
How nice!	*Menyenangkan sekali!*
I am pleased.	*Saya senang.*
I am pleased for you.	*Saya senang untuk Anda.*
I'm very happy.	*Saya sangat gembira.*

I'm not happy.	*Saya tidak senang.*
It's really nice here!	*Sungguh menyenangkan di sini!*
You must be very happy.	*Anda pasti senang sekali!*
I'm (not) very happy with…	*Saya (kurang) senang dengan…*
I'm glad that…	*Saya senang karena…*
I'm enjoying… .	*Saya sangat menikmati…*
I'm having fun.	*Saya menikmati ini.*
I can't wait till tomorrow.	*Saya tidak sabar menunggu besok.*
I hope …	*Semoga …*
I hope everything works out.	*Semoga semua berjalan lancar.*
How awful!	*Mengerikan sekali!*
That's frightening.	*Menakutkan.*
Ridiculous!	*Tidak masuk akal!*
Very terrible!	*Jelek sekali!*
What a pity!	*Sayang sekali!*
Nonsense!	*Omong kosong!*
How stupid!	*Bodoh sekali!*
I don't like this.	*Saya tidak suka ini.*
I don't like them.	*Saya tidak suka mereka.*
I'm so bored.	*Saya bosan sekali.*
I'm bored.	*Saya bosan.*
I'm fed up.	*Saya jenuh.*
I'm irritated.	*Saya kesal.*
I'm annoyed.	*Saya sebal.*
This is no good.	*Ini kurang bagus.*
This is not what I expected.	*Ini tidak seperti yang diharapkan.*

Halo. Saya Ruth.
Hello. I'm Ruth.
Siapa nama Anda?
What's your name?

Halo. Saya Siska.
Hello! I'm Siska.

Senang bertemu dengan Anda!
Nice to meet you!
Jam berapa sekarang?
What time is it now?

Jam sebelas lewat seperempat.
It's a quarter past 11.

Ini hari apa?
What day is it today?

Sekarang hari Rabu.
Today is Wednesday.

Oke, terima kasih!
Okay, thanks!

2. The Basics

2.1 Numbers

0	*nol*	19	*sembilan belas*
1	*satu*	20	*dua puluh*
2	*dua*	21	*dua puluh satu*
3	*tiga*	22	*dua puluh dua*
4	*empat*	30	*tiga puluh*
5	*lima*	31	*tiga puluh satu*
6	*enam*	32	*tiga puluh dua*
7	*tujuh*	40	*empat puluh*
8	*delapan*	50	*lima puluh*
9	*sembilan*	60	*enam puluh*
10	*sepuluh*	70	*tujuh puluh*
11	*sebelas*	80	*delapan puluh*
12	*dua belas*	90	*sembilan puluh*
13	*tiga belas*	100	*seratus*
14	*empat belas*	101	*seratus satu*
15	*lima belas*	110	*seratus sepuluh*
16	*enam belas*	120	*seratus dua puluh*
17	*tujuh belas*	200	*dua ratus*

18 *delapan belas*	300 *tiga ratus*
400 *empat ratus*	1,100 *seribu seratus*
500 *lima ratus*	2,000 *dua ribu*
600 *enam ratus*	10,000 *sepuluh ribu*
700 *tujuh ratus*	100,000 *seratus ribu*
800 *delapan ratus*	1 million *satu juta*
900 *sembilan ratus*	1 billion *satu miliar*
1,000 *seribu*	

1st *pertama*	14th *keempat belas*
2nd *kedua*	15th *kelima belas*
3rd *ketiga*	16th *keenam belas*
4th *keempat*	17th *ketujuh belas*
5th *kelima*	18th *kedelapan belas*
6th *keenam*	19th *kesembilan belas*
7th *ketujuh*	20th *kedua puluh*
8th *kedelapan*	21st *kedua puluh satu*
9th *kesembilan*	22nd *kedua puluh dua*
10th *kesepuluh*	30th *ketiga puluh*
11th *kesebelas*	100th *keseratus*
12th *kedua belas*	1,000th *keseribu*
13th *ketiga belas*	

once *sekali*	a third *sepertiga*
twice *dua kali*	a third *sepertiga*
double *dua kali lipat*	some/a few *beberapa*
triple *tiga kali lipat*	even *genap*
half *setengah*	odd *ganjil*
a quarter *seperempat*	total *jumlahnya*

$2 + 4 = 6$	*dua tambah empat sama dengan enam*
$4 - 2 = 2$	*empat kurang dua sama dengan dua*
$2 \times 4 = 8$	*dua kali empat sama dengan delapan*
$4 \div 2 = 2$	*empat dibagi dua sama dengan dua*

2.2 Telling time

What time is it?	*Jam berapa sekarang?*
It's 9 a.m.	*Jam sembilan pagi.*
It's five past ten.	*Jam sepuluh lewat lima.*
It's a quarter past eleven.	*Jam sebelas lewat seperempat.*
It's twenty (minutes) past twelve.	*Jam duabelas lewat dua puluh (menit).*
It's half past one.	*Jam setengah dua.* (*Literally* "half two". 2:30 would be *jam setengah tiga,* *literally* "half three")
It's twenty–five (minutes) to three.	*Jam tiga kurang dua puluh lima menit.*
It's a quarter to four.	*Jam empat kurang seperempat.*
It's ten to five.	*Jam lima kurang sepuluh.*
It's twelve noon.	*Jam dua belas (siang).*
It's midnight.	*Jam dua belas (malam).*
half an hour	*setengah jam*
What time?	*Jam berapa?*
What time can I come around?	*Jam berapa saya bisa datang?*
At…	*Pada jam…*
After…	*Sesudah jam…*
Before…	*Sebelum jam…*
Between…and…	*Antara jam…dan jam…*
From…to…	*Dari jam…sampai jam…*

In…minutes	*Dalam…menit*
In an hour	*dalam satu jam*
In…hours	*dalam…jam*
In a quarter of an hour	*dalam seperempat jam*
In three quarters of an hour	*dalam tiga perempat jam*
too early	*terlalu awal/pagi/cepat*
too late (in the morning)	*terlalu siang*
too late (in the afternoon)	*terlalu sore*
too late (in the night)	*terlalu malam*
on time	*tepat waktu*

2.3 Days and weeks

day *hari*	yesterday *kemarin*
today *hari ini*	the day after tomorrow *lusa*
tomorrow *besok*	the day before yesterday *kemarin lusa*

What day is it today?	*Ini hari apa?*
Today is … .	*Sekarang hari … .*
– Monday *Senin*	– Friday *Jumat*
– Tuesday *Selasa*	– Saturday *Sabtu*
– Wednesday *Rabu*	– Sunday *Minggu*
– Thursday *Kamis*	

What's the date today?	*Tanggal berapa hari ini?*
Today's the 24th.	*Hari ini tanggal dua puluh empat.*
Monday is November 3rd.	*Hari Senin tanggal tiga November.*
morning *pagi*	this morning *pagi ini*
week *minggu*	next… *depan*
midday *siang*	in…days *dalam…hari*
this midday *siang ini*	in …weeks *dalam…minggu*

late afternoon *sore*	…weeks ago *…minggu yang lalu*
this evening *malam ini*	this week *minggu ini*
night *malam*	last week *minggu lalu*
tonight *malam ini*	next week *minggu depan*
last night *tadi malam*	day off *hari libur*
holiday *hari besar*	

2.4 Months and years

month *bulan*	year *tahun*

What month is it?	*Sekarang bulan apa?*
It is [the month of]	*Sekarang bulan…*
– January *Januari*	– July *Juli*
– February *Februari*	– August *Agustus*
– March *Maret*	– September *September*
– April *April*	– October *Oktober*
– May *Mei*	– November *November*
– June *Juni*	– December *Desember*

next month *bulan depan*	in…months *dalam…bulan*
last year *tahun lalu*	in…years *dalam…tahun*
dry *kemarau*	dry season *musim kemarau*
rainy season *musim hujan*	in the rainy season *di musim hujan*
spring *musim semi*	in spring *di musim semi*
summer *musim panas*	in summer *di musim panas*
autumn *musim gugur*	in autumn *di musim gugur*
winter *musim dingin*	in winter *di musim dingin*

2018 *tahun dua ribu delapan belas*
2019 *tahun dua ribu sembilan belas*

2020 *tahun dua ribu dua puluh*

2021 *tahun dua ribu dua puluh satu*

2022 *tahun dua ribu dua puluh dua*

the twentieth century *abad kedua puluh*

the twenty-first century *abad kedua puluh satu*

2.5 What does that sign say?

See 5.2 Traffic signs

polisi lalu lintas traffic police	*(bukan) air minum* (not) drinking water	*kasir* cashier
kamar mandi bathrooms	*air panas* hot water	*kosong* not in use
WC toilet	*air dingin* cold water	*bahaya* danger
ruang tunggu waiting room	*loket* ticket counter	*polisi* police
bahaya api fire hazard	*keterangan* information	*rumah sakit* hospital
berhenti stop	*kantor pariwisata* tourist information bureau	*rusak* out of order
buka open	*jangan (di) sentuh* please do not touch	*sibuk* busy
tutup closed	*jangan (di) ganggu* please do not disturb	*tarik* pull
dilarang masuk no access/no entry	*jangan membuang sampah sembarangan* no littering	*dorong* push
dilarang merokok no smoking	*pintu masuk* entrance	*penuh* full
dinas kebakaran fire department	*pintu keluar* exit	*terjual* sold out
disewakan for hire/for rent	*pintu darurat* emergency exit	*dijual* for sale

tangga darurat fire escape	*pertolongan pertama* first aid	*kantor pos* post office
tegangan tinggi high voltage	*awas anjing* beware of the dog	*jadwal* timetable
rem darurat emergency brake	*tutup untuk perbaikan* under maintenance	

 Holidays

The most important public holidays in Indonesia are the following:

January
Tahun Baru (New Year's Day)   January 1

February
Imlek (Chinese New Year)   Variable

March/April
Jumat Agung (Good Friday)   Variable
Nyepi (Balinese Saka Calendar New Year)   Variable
Waisak (Buddhist Festival)   Variable

June/July
Isra Miraj (Ascension of the Prophet Muhammad)   Variable

August
Hari Kemerdekaan (Independence Day)   August 17

October
Muharram (Islamic New Year)   Variable

December/January
Hari Natal (Christmas Day)   December 25

Many holidays follow the Islamic lunar calendar and do not fall on the same date every year. One of the biggest holidays of the year is Idul Fitri which falls at the end of the Muslim fasting month of Ramadan. The date of this festival moves forward roughly 10 days each solar year. During Ramadan many shops and restaurants in Muslim areas are closed during daylight hours. It can be difficult to travel during Idul Fitri as hotels and transport are booked out in advance by locals.

3. Small Talk

 Introductions

Key Vocabulary

name	person	citizenship
name	*orang*	*warga negara*
to be acquainted	friend	country
dikenal	*teman*	*negara*
to introduce		
kenalkan		

May I introduce myself?	*Boleh saya memperkenalkan diri?*
My name's…	*Nama saya…*
I'm…	*Saya…*
What's your name?	*Siapa namanya?* [informal] *Siapa nama Anda?* [formal]
May I introduce…?	*Boleh saya memperkenalkan…?*

This is my wife.	*Ini istri saya.*
This is my husband.	*Ini suami saya.*
This is my daughter/son.	*Ini anak saya.*
This is my mother.	*Ini ibu saya.*
This is my father.	*Ini bapak saya.*
This is my fiancée/fiancé.	*Ini tunangan saya.*
This is my friend.	*Ini teman saya.*
How are you?	*Apa kabar?*
Hi!	*Hai!*
Pleased to meet you.	*Senang bertemu dengan Anda.*
Where are you from?	*Dari mana asalnya?*
I'm American.	*Saya orang Amerika.*
I'm Australian.	*Saya orang Australia.*
I'm British.	*Saya orang Inggris.*
I'm Canadian.	*Saya orang Kanada.*
I'm Singaporean.	*Saya orang Singapura.*
What city do you live in?	*Tinggal di kota mana?*
In…	*Di…*
It's near…	*Dekat…*
Have you been here for long?	*Anda sudah lama di sini?*
A few days.	*Beberapa hari.*
How long are you staying here?	*Berapa lama tinggal di sini?*
We're leaving tomorrow.	*Kami berangkat besok.*

We're leaving in two weeks.	*Kami akan berangkat dalam dua minggu.*
We're leaving the day after tomorrow.	*Kami akan berangkat lusa.*
We're leaving next week.	*Kami akan berangkat minggu depan.*
Where are you staying?	*Anda menginap dimana?*
I'm staying in a hotel.	*Saya menginap di hotel.*
I'm staying in a guesthouse.	*Saya menginap di losmen.*
I'm staying with friends.	*Saya menginap dengan teman.*
I'm staying with relatives.	*Saya menginap dengan saudara.*
Are you here on your own?	*Anda di sini sendirian?*
Are you here with family?	*Anda di sini dengan keluarga?*
I'm on my own.	*Saya sendirian.*
I'm with my partner.	*Saya bersama pasangan saya.*
I'm with my wife	*Saya bersama isteri saya.*
I'm with my husband.	*Saya bersama suami saya.*
I'm with family.	*Saya bersama dengan keluarga.*
I'm with my relatives.	*Saya bersama dengan saudara.*
I'm with a friend/friends.	*Saya bersama teman teman saya.*
Are you married?	*Apakah anda sudah menikah?*
Are you engaged?	*Sudah bertunangan?*
Do you have a boyfriend/ girlfriend?	*Sudah punya pacar?*
Sorry, that's personal.	*Maaf, itu masalah pribadi.*
Sorry, I'd rather not talk about that.	*Maaf, saya tidak mau bicara tentang itu.*

I'm married.	*Saya sudah nikah.*
I'm single.	*Saya belum nikah*
I'm separated.	*Kami sudah pisah.*
I'm divorced.	*Saya sudah cerai.*
I'm a widow.	*Saya janda.*
I'm a widower.	*Saya duda.*
I live alone.	*Saya tinggal sendirian.*
I live with a friend.	*Saya tinggal dengan teman.*
Do you have any children?	*Sudah punya anak?*
Do you have any grandchildren?	*Sudah punya cucu?*
How old are you?	*Berapa umurnya?*
How old is he/she?	*Berapa umurnya?*
I'm…(years old).	*Saya berumur…tahun.*
She's/he's…years old.	*Dia berumur…tahun.*
What do you do for a living?	*Apa pekerjaannya?*
I work in an office.	*Saya kerja di kantor.*
I'm a student [in high school].	*Saya pelajar [SMA].*
I'm a university student.	*Saya mahasiswa.*
I'm unemployed.	*Saya pengangur.*
I am on leave.	*Saya cuti.*
I'm retired.	*Saya sudah pensiun.*
I'm self-employed.	*Saya wiraswasta.*
I have my own business.	*Saya punya bisnis sendiri.*

I'm a housewife.	*Saya ibu rumah tangga.*
Do you like your job?	*Suka dengan pekerjaannya?*
Most of the time!	*Rata-rata selalu!*
Not very much.	*Saya tidak terlalu suka.*

3.2 Pardon me, do you speak English?

Key Vocabulary

to speak	English	Indonesian language
bicara	*Inggris*	*bahasa Indonesia*
language		English language
bahasa		*bahasa Inggris*

Do you speak English?	*Bisa berbahasa Inggris?*
Do you speak Indonesian?	*Bisa bahasa Indonesia?*
I don't.	*Saya tidak bisa.*
I speak a little.	*Saya bisa sedikit.*
Is there someone who speaks English?	*Ada orang yang bisa bahasa Inggris?*
Excuse me.	*Permisi.*
Pardon me.	*Maaf.*
May I ask you?	*Boleh saya tanya?*
I (don't) understand.	*Saya (tidak) mengerti.*
Do you understand me?	*Anda mengerti?*
Please repeat that.	*Bisa diulangi?*
One more time.	*Sekali lagi.*
Please speak slower.	*Tolong bicara lebih pelan.*

What does that mean?	*Apa artinya?*
What does that word mean?	*Apa arti kata itu?*
It's more or less the same as…	*Kurang lebih sama dengan…*
Could you write that down, please?	*Tolong ditulis.*
Could you spell that for me, please?	*Tolong dieja.*
Could you point that out in this phrasebook, please?	*Tolong tunjukkan pada buku ini.*
Wait a minute.	*Sebentar.*
Wait a minute, I'll look it up.	*Sebentar, saya akan cari.*
I can't find that word.	*Kata itu tidak ada.*
I can't find that sentence.	*Kalimat itu tidak ada.*
How do you say that in Indonesian?	*Bagaimana mengatakan itu dalam Bahasa Indonesia?*
How do you say that in Javanese?	*Bagaimana mengatakan itu dalam Bahasa Jawa?*
How do you say that in Balinese?	*Bagaimana mengatakan itu dalam Bahasa Bali?*
How do you pronounce that?	*Bagaimana mengucapkannya?*

3.3 Starting/ending a conversation

May l ask you something?	*Boleh saya bertanya?*
Excuse me	*Permisi*
Pardon me	*Maaf*
Could you help me please?	*Bisa minta tolong?*
Yes, what's the problem?	*Ya, apa masalahnya?*

What can I do for you?	*Apa yang bisa saya bantu?*
Sorry, I don't have time now.	*Maaf, saya tidak ada waktu sekarang.*
Do you have a light?	*Boleh pinjam korek api?*
May I join you?	*Boleh bergabung dengan Anda?*
Could you take a picture?	*Bisa tolong ambilkan foto?*
Could you take a picture of us?	*Bisa tolong ambilkan foto kami?*
Leave me alone!	*Tinggalkan aku sendiri!*
Get lost!	*Pergilah!*
Don't bother me!	*Jangan ganggu!*
Go away or I'll scream.	*Pergilah atau aku berteriak!*

3.4 Chatting about the weather

Key Vocabulary

weather *cuaca*	cool *sejak*	humid *lembab*
hot *panas*	wind *angin*	clear *terang*
cloudy *mendung*	rain *hujan*	dry *kering*

What will the weather be like today?	*Bagaimana cuaca hari ini?*
What's the temperature?	*Berapa suhu udara?*
Is the weather nice today?	*Cuaca hari ini baik?*
Is the weather bad today?	*Cuaca hari ini buruk?*
Yes, bring an umbrella.	*Ya, bawalah payung.*

Is the weather cool?	*Cuacanya sejuk?*
Yes, bring a jacket.	*Ya, bawalah jas.*
Is the weather hot?	*Apakah cuaca panas?*
No, it should be cool.	*Tidak, kemungkinan besar dingin.*
Yes, wear a cap.	*Ya, pakailah topi.*
What's the weather going to be like tomorrow?	*Bagaimana cuaca besok?*
Is it going to be hazy tomorrow?	*Apa besok akan berkabut?*
Will the air pollution be bad?	*Akankah polusi udaranya memburuk?*
Yes, wear a mask.	*Ya, pakailah masker.*

wind *angin*	hurricane *angin topan*	cold *dingin*
storm *badai*	heavy rain *hujan deras*	heatwave *gelombang panas*
rain *hujan*	downpour *hujan lebat*	clear day *cerah*
windy *berangin*	gusts of wind *hembusan angin*	foggy *berkabut*
thunder *guntur*	dark, gloomy *gelap*	very hot *sangat panas*
cloudy *berawan*	overcast *mendung*	humid *lembab*
mild *sedang*	hot *panas*	moderate winds *angin agak kencang*
cool *sejuk*	fog *kabut*	strong [winds] *kencang*
stifflingly hot *gerah*	strong winds *angin kencang*	haze *berkabut*

It's very hot today!	*Panas sekali hari ini!*
It's cool today!	*Hari ini sejuk!*
Isn't it a lovely day?	*Hari yang indah ya?*
All that rain!	*Hujannya besar!*
It's very cloudy!	*Sangat mendung!*
The weather is clear today.	*Cuaca terang hari ini.*
Has the weather been like this for long?	*Apa cuacanya sudah lama seperti ini?*
Is it always this hot?	*Apa selalu panas seperti ini?*
Is it always this cold?	*Apa selalu dingin seperti ini?*
Is it always this dry?	*Apa selalu kering?*
Is it always this humid?	*Apa selalu lembab?*
Does it always rain like this?	*Apa selalu hujan seperti ini?*

3.5 Hobbies

Key Vocabulary

| hobby | to like |
| *hobi* | *suka* |

I like… .	*Saya suka… .*
Do you like…?	*Anda suka…?*
Do you have any hobbies?	*Anda punya hobi?*
I like knitting.	*Saya suka merajut.*
I like reading books.	*Saya suka membaca buku.*
I like photography.	*Saya suka fotografi.*
I like listening to music.	*Saya suka mendengarkan musik.*

I play the guitar.	*Saya main gitar.*
I play the piano.	*Saya main piano.*
I like to watch films.	*Saya suka nonton film.*
I like traveling.	*Saya suka jalan-jalan.*
I like going for a walk.	*Saya suka berjalan kaki.*
I like playing sports.	*Saya suka olahraga.*
I like going fishing.	*Saya suka memancing.*
I like running.	*Saya suka berlari.*
I like surfing.	*Saya suka main surfing.*
I like swimming.	*Saya suka berenang.*

3.6 Invitations

Are you busy tonight?	*Apa ada acara nanti malam?*
Do you have any plans for today?	*Apa ada acara hari ini?*
Do you have any plans for this afternoon?	*Anda ada acara sore ini?*
Do you have any plans for tonight?	*Anda ada acara malam ini?*
Would you like to go out?	*Apaka mau jalan-jalan?*
Would you like to have lunch?	*Anda mau makan siang?*
Would you like to have dinner?	*Anda mau makan malam?*
Would you like to come to the beach?	*Anda mau pergi ke pantai?*
Would you like to come into town with us?	*Anda mau ikut ke kota dengan kami?*

Would you like to come and meet our friends?	*Maukah Anda bertemu dengan teman-teman kami?*
Shall we sit at the bar?	*Mau duduk di bar?*
Shall we get a drink?	*Mau pesan minuman?*
Shall we go for a walk?	*Mau berjalan-jalan?*
Shall we go for a drive?	*Mau naik mobil?*
Yes, all right.	*Ya, baiklah.*
Good idea.	*Boleh juga.*
No (thank you).	*Tidak (terima kasih).*
Maybe later.	*Mungkin nanti.*
I don't want to.	*Saya tidak mau.*
I have an appointment.	*Saya punya janji/acara.*
I'm not very good at football.	*Saya tidak pandai main sepak bola.*
I'm not very good at swimming.	*Saya tidak pandai berenang.*

3.7 Paying a compliment

You look great!	[for male] *Anda tampak cakep!* [for female] *Anda tampak cantik!*
I like your car!	*Saya suka mobilnya!*
You are very nice.	*Anda baik sekali.*
What a good boy/girl.	*Anak yang baik.*
You're a good dancer!	*Anda pandai berdansa!*
You're a very good cook.	*Anda pandai masak.*
You're a good soccer player!	*Anda pemain sepak bola yang baik!*

3.8 Intimate conversations

I like being with you.	*Saya/Aku suka berduaan dengan kamu.*
I've missed you so much.	[formal] *Saya merindukan kamu.* [informal] *Aku merindukan kamu.*
I dreamt about you.	[formal] *Saya memimpikan kamu.* [informal] *Aku memimpikan kamu.*
I think about you all day.	[formal] *Saya ingat kamu sepanjang hari.* [informal] *Aku ingat kamu sepanjang hari.*
You have such a sweet smile	*Senyum kamu manis*
You have beautifu eyes.	*Mata kamu cantik.*
I'm fond of you.	[formal] *Saya suka kamu.* [informal] *Aku suka kamu.*
I'm in love with you.	[formal] *Saya jatuh cinta dengan kamu.* [informal] *Aku jatuh cinta dengan kamu.*
I'm in love with you too.	[formal] *Saya juga jatuh cinta sama kamu.* [informal] *Aku juga jatuh cinta sama kamu.*
I love you.	[formal] *Saya mencintai kamu.* [informal] *Aku mencintai kamu.*
I love you too.	[formal] *Saya mencintaimu juga.* [informal] *Aku mencintaimu juga.*
I don't love you.	[formal] *Saya tidak mencintai kamu.* [informal] *Aku tidak mencintai kamu.*
I already have a boyfriend/ girlfriend.	[formal] *Saya sudah punya pacar.* [informal] *Aku sudah punya pacar.*
I'm not ready for that.	*Saya belum siap untuk itu.*

I don't want to rush into it.	*Saya tidak mau buru-buru.*
Please don't touch me.	*Tolong jangan sentuh saya.*
Okay, no problem.	*Baiklah, tidak apa-apa.*
Will you spend the night with me?	*Mau habiskan malam ini bersamaku?*
I'd like to go to bed with you.	[formal] *Saya mau tidur dengan kamu.* [informal] *Aku mau tidur dengan kamu.*
Only if we use a condom.	*Hanya kalau pakai kondom.*
We have to be careful about AIDS.	*Kita harus hati-hati dengan AIDS.*
That's what they all say.	*Semua orang bilang begitu.*
We shouldn't take any risks.	*Sebaiknya kita tidak mengambil resiko.*
Do you have a condom?	*Ada kondom?*
No? Then the answer's no.	*Tidak ada? Kalau begitu, tidak.*

3.9 Congratulations and condolences

Happy birthday.	*Selamat ulang tahun.*
Please accept my condolences.	*Saya turut berduka cita.*
My deepest sympathy.	*Turut berduka cita.*

3.10 Arrangements

When will I see you again?	*Kapan bisa bertemu lagi?*
Are you free this weekend?	*Kamu punya waktu akhir minggu ini?*
What's the plan, then?	*Jadi apa rencananya?*

Where shall we meet?	*Dimana bisa bertemu?*
Can you pick me up?	*Bisa jemput saya?*
Will you pick us up?	*Mau jemput kami?*
Shall I pick you up?	*Mau dijemput?*
I have to be home by…	*Saya harus pulang sebelum…*
I don't want to see you anymore.	*Saya tidak mau bertemu kamu lagi.*

3.11 Being the host(ess)

See also 4 Eating out

What would you like to drink?	*Anda mau minum apa?*
Something non-alcoholic, please.	*Yang tidak mengandung alkohol.*
Would you like a cigarette?	*Anda mau rokok?*
Would you like a cigar?	*Anda mau cerutu?*
I don't smoke.	*Saya tidak merokok.*

3.12 Saying goodbye

Can I take you home?	*Boleh saya antar pulang?*
Can I call you?	*Boleh saya menelepon anda?*
Please call me.	*Mohon telpon saya.*
Can I have your address?	*Boleh minta alamat?*
Can I have your phone number?	*Boleh minta nomor telepon?*
Can I have your email address?	*Boleh minta alamat surel?*

Thanks for everything.	*Terima kasih atas semuanya.*
It was a lot of fun.	*Sangat menyenangkan.*
Say hello to…	*Salam buat...*
All the best!	*Sukses ya!*
Good luck!	*Sukses!*
When will you be back?	*Kapan kembali?*
I'll be waiting for you.	[formal] *Saya akan menunggu Anda.* [informal] *Aku akan menunggu.*
I'd like to see you again.	[formal] *Saya mau ketemu lagi.* [informal] *Aku mau ketemu lagi.*
See you later.	*Sampai jumpa.*
I hope we meet again soon.	*Semoga kita bertemu lagi segera.*
Here's our address, if you're ever in the United States.	*Ini alamat kami, kalau Anda pergi ke Amerika Serikat.*
You'd be more than welcome.	*Anda ditunggu dengan senang hati.*

4. Eating Out

Eating out in Indonesia is an enjoyable experience, especially if you are interested in trying some of the local dishes. In major cities and tourist destinations, European, Japanese, Korean and American food are also available in restaurants and hotels.

Rice (*nasi*) is the staple throughout Indonesia and is eaten with nearly every meal. Breakfast (*sarapan*) generally consists of coffee (*kopi*) and *nasi goreng* (fried rice) or *bubur ayam* (chicken and rice porridge). Lunch (*makan siang*) is eaten between noon and 2:00 pm and is often a rice plate with mixed side dishes (*nasi campur*) or a bowl of noodles (*bakmi*). Lunch and dinner usually consist of three dishes: rice, a main dish of meat or fish, and a vegetable or salad dish and fruit.

Meat and vegetables are cut into small pieces before cooking, and may be served in a spicy sauce on plates or bowls placed on the table or, in humbler dwellings, on a mat on the floor. A large bowl or basket of steamed rice is served separately and you start by placing a few spoonfuls of rice on your plate first before adding other things on top. Visitors should try Indonesian specialties such as *sate* (grilled meat skewers with spicy peanut sauce), *rendang* (spicy coconut beef) and *gado gado* (steamed vegetables with peanut sauce). The prices of food differ greatly from cheap local outlets called *rumah makan* (eating houses) to *restoran*, which are generally more up-market.

4.1 At a restaurant

Key Vocabulary

to eat *makan*	table *meja*	chair *kursi*
rice *nasi*	to sit *duduk*	restroom *kamar kecil*

I'd like to reserve a table for four at seven o'clock (p.m.). — *Saya mau pesan meja untuk empat orang jam tujuh (malam).*

For two, please. — *Untuk dua orang.*

We've reserved a table. — *Kami sudah pesan meja.*

We haven't reserved. — *Kami belum pesan.*

Is the restaurant open now? — *Restoran sudah buka sekarang?*

What time do you open? — *Jam berapa buka?*

What time do you close? — *Jam berapa tutup?*

Can we wait for a table? — *Boleh kami tunggu?*

Do we have to wait long? — *Harus menunggu lama?*

Is this seat vacant? — *Apakah kursi ini kosong?*

May we sit here? — *Boleh kami duduk di sini?*

May we sit there? — *Boleh kami duduk di sana?*

Can we sit by the window? — *Boleh kami duduk dekat jendela?*

Are there tables outside? — *Ada meja di luar?*

Do you have another chair? — *Ada kursi tambahan?*

Do you have a high chair? — *Ada kursi anak?*

Is there an electric socket? — *Ada stop kontak?*

Could you warm up this bottle for me, please? — *Bisa minta tolong botol ini dipanaskan?*

Not too hot, please. — *Tolong jangan terlalu panas.*

Is there somewhere I can change the baby's diaper? — *Ada tempat untuk ganti popok bayi?*

| Where are the restrooms? | *Kamar kecil di mana?* |

Apa anda sudah punya reservasi?	Do you have a reservation?
Atas nama siapa?	What name, please?
Silakan.	This way, please.
Meja ini sudah direservasi.	This table is reserved.
Meja kosong siap lima belas menit lagi.	We'll have a table free in fifteen minutes.
Apa anda mau menunggu?	Would you mind waiting?

4.2 Ordering

Key Vocabulary

to order *pesan*	noodles *mi*	spicy *pedas*	wine *anggur*
food *makanan*	fried *goreng*	hot *panas*	liquor *arak*
drinks *minuman*	steamed *rebus*	cold *dingin*	more *lagi*
delicious *enak*	chicken *ayam*	ice *es*	to add *tambah*
meat *daging*	beef *sapi*	peanuts *kacang*	to request *minta*
fish *ikan*	pork *babi*	water *air*	
vegetables *sayuran*	sugar *gula*	beer *bir*	

Waiter!	*Pak! Waitress!*
Waitress!	*Bu!*
Madam!	*Ibu!*
Sir!	*Bapak!*

We'd like something to eat.	*Kami mau pesan makanan.*
We'd like something to drink.	*Kami mau pesan minuman.*
We don't have much time.	*Kami tidak punya waktu lama.*
We'd like to have a drink first.	*Kami mau minum dulu.*
Could we see the menu, please?	*Boleh lihat menu?*
Could we see the drinks list, please?	*Boleh lihat daftar minuman?*
Do you have an English menu?	*Ada menu bahasa Inggris?*
Do you have a special today?	*Ada makanan spesial hari ini?*
We haven't made a choice yet.	*Kami belum selesai memilih.*
What is good?	*Apa yang enak?*
What are your specialties?	*Apa makanan khas di restoran ini?*
I like meat.	*Saya suka daging.*
I don't like fish.	*Saya tidak suka ikan.*
What's this?	*Apa ini?*
Does it have…in it?	*Apa mengandung…?*
What's in it?	*Isinya apa?*
What does it taste like?	*Rasanya seperti apa?*
Is this a hot or cold dish?	*Makanan ini panas atau dingin?*
Is this sweet?	*Manis?*
Is this hot/spicy?	*Pedas?*
Do you have other things?	*Ada yang lain?*
I'm vegetarian.	*Saya vegetarian.*
I'm vegan.	*Saya vegan.*

Do you have dishes with just vegetables?	*Ada makanan hanya dengan sayur?*
Do you have dishes without meat, chicken and fish?	*Ada makanan yang tidak pakai daging, ayam dan ikan?*
I'm on a salt-free diet.	*Saya tidak boleh makan garam.*
I'm on a gluten-free diet.	*Saya tidak makan gandum.*
I can't eat pork.	*Saya tidak makan daging babi.*
I can't eat sugar.	*Saya tidak boleh makan gula.*
I'm on a fat-free diet.	*Saya tidak boleh makan yang berlemak.*
I can't eat spicy foods.	*Saya tidak bisa makan yang pedas.*
I can't eat gluten.	*Saya tidak makan gluten.*
I am allergic to peanuts.	*Saya alergi kacang.*
I can't eat eggs.	*Saya tidak bisa makan telur.*
We'll have what those people are having.	*Kami mau pesan makanan seperti orang itu.*
I'd like…	*Saya mau…*
I'd like to order…	*Saya mau pesan…*
We cannot eat…	*Kami tidak boleh makan…*
More rice, please.	*Boleh minta tambah nasi?*
Another bottle of water, please.	*Boleh minta air satu botol lagi?*
Another portion of…, please.	*Boleh tambah satu porsi…*
Salt and pepper, please.	*Bisa minta garam dan merica?*
A napkin, please.	*Boleh minta kain lap?*
A teaspoon, please.	*Boleh minta sendok teh?*
An ashtray, please.	*Boleh minta asbak?*
Some matches, please.	*Boleh minta korek api?*
Some toothpicks, please.	*Boleh minta tusuk gigi?*

A glass of water, please.	*Boleh minta segelas air putih?*
Could I have another…?	*Boleh minta tambah…*
One more bottle, please.	*Tambah satu botol lagi.*
One more.	*Satu lagi.*
Two more.	*Dua lagi.*
Three more.	*Tiga lagi.*
Could I have a straw, please?	*Boleh minta sedotan?*
Bon appetit!	*Selamat makan!*
You too!	*Selamat makan juga!*
Cheers!	*Bersulang!*
The next round's on me.	*Saya giliran berikutnya.*
Could we pack this to take away, please?	*Boleh minta ini dibungkus?*

Mau pesan apa?	What would you like?
Sudah siap pesan?	Are you ready to order?
Mau pesan minuman dulu?	Would you like a drink first?
Selamat menikmati.	Bon appetit.
Selamat makan.	Enjoy your meal.
Apa semuanya enak?	Is everything tasty?
Boleh saya bersihkan mejanya?	May I clear the table?

The bill

See also 8.2 Settling the bill

Key Vocabulary

bill	how much?	change	to pay	money
bon, rekening	*berapa?*	*uang kembali*	*bayar*	*uang*

How much is this dish?	*Berapa, makanan ini?*
Could I have the bill, please?	*Boleh minta bon?*
All together.	*Semuanya.*
Everyone pays separately.	*Kami bayar sendiri-sendiri.*
Could we have the menu again, please?	*Boleh lihat menunya lagi?*
The…is not in the bill	*…tidak ada dalam tagihan*
We didn't order this.	*Kami tidak pesan ini.*
The total is incorrect.	*Jumlah ini salah.*
Please check it again.	*Harap dicek ulang.*
Please give me the change.	*Harap kasih uang kembali.*

Complaints

It's taking a very long time.	*Lama sekali.*
We've been waiting here an hour already.	*Kami sudah menunggu satu jam di sini.*
This must be a mistake.	*Pasti ada kesalahan.*
This is not what I ordered.	*Ini bukan yang saya pesan.*
I ordered…	*Tadi saya pesan…*
There's a dish missing.	*Ada pesanan belum datang.*
This is broken.	*Ini rusak.*
This is dirty.	*Ini kotor.*
The food's already cold.	*Makanannya sudah dingin.*
The food's not fresh.	*Makanannya tidak segar.*
The food's too salty.	*Makanannya terlalu asin.*
The food's too sweet.	*Makanannya terlalu manis.*
The food's too spicy.	*Makanannya terlalu pedas.*
The meat's still raw.	*Dagingnya masih mentah.*

The meat's undercooked.	*Dagingnya kurang matang.*
The meat's overcooked.	*Dagingnya hangus.*
The meat's tough.	*Dagingnya keras.*
The meat has gone bad.	*Dagingnya sudah bau.*
Could I have something else instead?	*Boleh saya ganti yang lain?*
The bill is not right.	*Tagihannya salah.*
We didn't order this.	*Kami tidak pesan ini.*
There's no toilet paper in the restroom.	*Tidak ada tisu di kamar kecil.*
Please call the manager.	*Tolong panggilkan manajer.*

4.5 Paying a compliment

That was a wonderful meal.	*Makanannya enak sekali.*
The food was delicious.	*Makanannya enak sekali.*
The…in particular was delicious.	*Makanan…yang paling enak.*

4.6 The menu

chicken *ayam*	side dishes *lauk*	cover charge *pajak tambahan*
fruit *buah*	starter/snacks *makanan kecil*	chili sauce *sambal*
meat *daging*	first course *makanan pembuka*	vegetables *sayuran/sayur*
ice cream *es krim*	main course *makanan utama*	soup *sup/sop/soto*
fish *ikan*	specialties *menu khas*	puddings *puding*

mutton *kambing*	cakes/desserts *kue*	Indonesian mixed fruit salad *rujak*
noodles *mi*	prawn crackers *kerupuk udang*	bread *roti*
steamed rice *nasi putih*	tax *pajak*	service charge (included) *pajak pelayanan* *(termasuk)*
fish crackers *kerupuk ikan*	salad *salad*	

Drinks and dishes

Drinks

It is wise to be cautious about what you drink in Indonesia. Tap water is unsafe to drink without boiling first, so stick to bottled water and other bottled drinks. It is best to avoid ice because the water in it is often not boiled. Restaurants and hotels will often provide bottled water with a meal. Soft drinks, bottled water and alcohol are widely available. Bintang is the most popular local beer. Tea and coffee are served throughout the country, though it can be difficult to obtain fresh milk outside major cities.

Fruit

Tropical fruits are abundant and delicious in Indonesia. They include the starfruit (*belimbing*), a yellow star-shaped fruit; the *duku*, a small, brown-skinned fruit with sweet white flesh; the *durian*, famous for its distinctive aroma; the *jambu klutuk* or guava; the many varieties of *mangga* or mangoes; and of course the *rambutan*, a hairy red fruit which tastes similar to a lychee.

Alphabetical list of popular Indonesian dishes and cooking methods:

Bakar: charcoal-grilled

Bakso: beef meatballs served in a bowl of beef broth, with yellow noodles and rice vermicelli, topped with vegetables, tofu, and sprinkled with fried shallots and celery. It rose to worldwide prominence when then-President Obama declared it to be one of his favorite dishes

Balado: fried seasoned spicy coating, usually for sun-dried meat or eggs

Bubur ayam: a chicken and rice porridge traditionally served for breakfast, though now available throughout the day in many hotel restaurants

Capcay: mixed stir-fried vegetables with meat, chicken and seafood

Gado-gado: steamed vegetable salad (cabbage, green bean or long bean), hard-boiled eggs, tofu, fried potato and crackers served with peanut sauce dressing

Goreng: deep-fried (chicken or fish)

Gulai: Indonesian-style spicy coconut stew with chicken (*gulai ayam*), beef (*gulai daging*), goat (*gulai kambing*), fish (*gulai ikan*) or vegetables (*gulai sayur*)

Martabak: a thin savory crepe, fried in hot oil and folded over a filling of egg and spring onions, usually served with pickled cucumber

Mi goreng: fried noodles with meat and vegetables

Nasi goreng: this fried rice is a common dish, often combined with chicken, shrimp or meatballs and topped with fried egg, cucumber and tomato

Nasi Padang: several kinds of spicy meat, seafood and vegetable dishes that are served on your table in small plates; you only pay for what you eat

Nasi rames: a rice platter with chicken, tofu and vegetables

Nasi tumpeng: christened the national dish of Indonesia, this dish is characterized by the yellow cone of rice that sits in the middle, paired with fried chicken and tempeh, boiled egg, omelette, anchovy and peanuts

Rendang: dry beef curry

Rijsttafel: "rice table", an Indonesian-Dutch mixture consisting of a variety of meats, fish, vegetables and curries such as *sate*, *ayam goreng*, etc.

Sate: charcoal-grilled skewers of chicken, beef, mutton or sea-food served with a spicy sauce of peanut, soy, chilli and garlic and garnished with cucumber pickles

Soto: a tasty tumeric and lemongrass soup that can be made with chicken (***soto ayam***) and bean sprouts, vermicelli, cabbage and fried potato on top, or with beef (***soto daging***) or intestines (***jeroan***). In some parts of Indonesia coconut milk is added to produce a thicker soup

Alphabetical list of the most popular Indonesian desserts

Bubur ketan hitam: black glutinous rice with a porridge-like consistency, sweetened with sugar and served with coconut milk

Es campur: shaved ice served with coconut, fruits, grass jelly, condensed milk and syrup

Klepon: Glutinous rice cake balls or boiled rice cake flavored with pandan leaves, lending it its fragrance and color, filled with coconut sugar and rolled in gresh grated coconut. Also known as **onde-onde** in areas like Sumatra

Lapis legit: the Indonesian version of a millefeuille, this many-layered cake is made mainly from egg yolk, flour and butter

Onde-onde: glutinous rice cake balls filled with sweet green bean paste. It's rolled in sesame seeds and then fried till golden brown

Pisang goreng: banana fritters

Terang bulan: literally "bright moon", and also known as **martabak manis**; a deep, sweet pancake cooked on a griddle and stuffed with chocolate, peanuts, condensed milk and other fillings.

5. Getting Around

5.1 Asking directions

Key Vocabulary

Excuse me.
Permisi.

lost
tersesat

road/street
jalan

turn right
belok kanan

turn left
belok kiri

at the corner
di sudut

traffic light
lampu merah

where?
di mana?

is there ...?/do you have ...?
apa ada ...?

go straight
lurus

to cross [the street]
menyeberang [jalan]

overpass
jembatan layang

'yield' sign
tanda berikan jalan

signs
tanda jalan

'stop' sign
tanda berheni

follow
ikuti

how far?
berapa jauh?

far away
jauh

nearby
dekat

building
gedung

arrow
panah

tunnel
terowongan

intersection
perempatan

bridge
jembatan

river
sungai

direction
arah

via
lewat

street
jalan

to go
pergi

here	against/on	top
sini	*pada*	*atas*
over here	through	on top
di sini	*melalui*	*di atas*
there	under	in/inside
sana	*bawah*	*dalam*
over there	below/underneath	on the inside
di sana	*di bawah*	*di dalam*
everywhere	against	outside
di mana-mana	*pada*	*luar*
right	facing	on the outside
kanan	*menghadap*	*di luar*
turn right	near	behind
belok kanan	*dekat*	*belakang*
left	across the street	at the back
kiri	*seberang*	*di belakang*
turn left	side	north
belok kiri	*sebelah*	*utara*
continue on	next to	in the north
terus	*di sebelah*	*di utara*
on the right	front	south
di sebelah kanan	*depan*	*selatan*
straight	in front of	to the south
lurus	*di depan*	*ke selatan*
on the left	center	west
sebelah kiri	*tengah*	*barat*
stop	in the center	from the west
berhenti	*di tengah*	*dari barat*
wait	face	east
tunggu	*muka*	*timur*
in/at	facing	from the east
di	*di muka*	*dari timur*
to	to the ... of	
ke	*ke ... dari*	

Excuse me, may I ask you something?	*Permisi, boleh saya tanya?*
I'm lost.	*Saya tersesat.*
Is there a…around here?	*Ada…di dekat sini?*
Is this the way to…?	*Apa ini jalan ke…?*
How do I get to…?	*Bagaimana kalau mau ke…?*
where is …?	*…di mana?*
How far is… from here?	*…berapa jauh dari sini?*
What is this street?	*Ini jalan apa?*
Can you help me?	*Bisakah anda membantu saya?*
What's the quickest route to…?	*Jalan paling cepat ke… bagaimana?*
How many kilometers is it to…?	*Berapa kilometer ke…?*
Could you point it out on the map?	*Bisa tunjukkan itu di peta?*
Please help me type it into my GPS.	*Bisa bantu ketik di GPS saya?*

Saya tidak tahu jalan di sini.	I don't know my way around here.
Anda salah jalan.	You're going the wrong way.
Anda harus kembali ke…	You have to go back to…
Dari sana, ikuti saja tanda-tanda.	From there on just follow the signs.
Kalau sudah sampai di sana, tanya lagi.	When you get there, ask again.

5.2 Traffic signs

Key Vocabulary

Tempat Parkir
Car Park

Bahaya/Berbahaya
Danger(ous)

Banyak Anak-Anak
Children

Berhenti
Stop

Satu Arah
One Way

Dilarang Masuk
No Entry

Pekerjaan Jalan
Road Works

Pelan-Pelan
Slow Down

Keluar
Exit

Terowongan
Tunnel

Jalan Bergelombang
Rough Road

Jalan Licin
Slippery When Wet

Jalan Menyempit
Road Narrows

Jalan Mobil
Driveway

Dilarang Memutar
No U-Turn

Hati-Hati
Caution

Awas Tanah Longsor
Beware Falling Rocks, Landslides

Perempatan
Intersection

Persimpangan
Crossroads

Pindah Jalur
Change Lanes

Dilarang Belok (Kanan/Kiri)
No (Right/Left) Turn

Bunderan
Traffic Circle

Dilarang Masuk
No Access

Tempat Penyebrangan
Pedestrian Crosswalk

Jalan Tertutup/Ditutup
Road Closed

Jalur Darurat
Emergency Lane

Perlintasan Kereta Api
Level Crossing

Jalan Satu Arah
One Way Street

Kecepatan Maksimum
Maximum Speed

Kendaraan Berat
Heavy Trucks

Nyalakan Lampu (Dalam Terowongan)
Turn On Headlights (In Tunnel)

Dilarang Parkir
No Parking

Tikungan Curves, Bend	*Tetap Kanan/Kiri* Keep Right/Left
Uang Tol Toll Payment	*Dilarang Menumpang* No Hitchhiking
Pompa Bensin Service Station	*Penyeberangan* Zebra Crossing
	Lampu Merah Traffic Signal

 Renting a car

See the diagram on page 65

Driving can be challenging in Indonesia and when renting a car it is more common to rent with a driver included, which is not as expensive as in other countries. To drive yourself, you will need an international driver's license.

Indonesians drive on the left side of the road. Traffic in cities and towns can seem chaotic to tourists, and some towns have a complex system of one-way roads that can prove confusing. Larger vehicles, by virtue of their size, usually have the right of way, and cutting in front of other vehicles is not uncommon. Signposting can also be poor. Hitchhiking is uncommon and not recommended in Indonesia.

Key Vocabulary

to rent *sewa*	driver's license *SIM*	petrol/gas *bensin*	tank *tangki*
car *mobil*	driver *sopir*	motorcycle *sepeda motor*	

I'd like to rent a car. *Saya ingin menyewa mobil.*

Do I need a special license? *Apa perlu SIM khusus?*

I'd like to rent a motorbike for a day.	*Saya ingin menyewa sepeda motor untuk satu hari.*
I'd like to rent a motorbike for two days.	*Saya ingin menyewa sepeda motor untuk dua hari.*
How much is that per day?	*Berapa biayanya per hari?*
How much is that per week?	*Berapa per minggu?*
Is there a deposit?	*Ada DPnya?*
Does it include the driver?	*Harga itu termasuk sopir?*
How much if we rent it with a driver?	*Berapa harganya jika ditambah dengan supir?*
Could I have a receipt for the deposit?	*Bisa minta kwitansi untuk uang muka?*
Does that include gas?	*Sudah termasuk bensin?*
What time can I pick the motorbike up?	*Jam berapa bisa saya ambil sepeda motor?*
When does the car have to be back?	*Kapan mobil harus dikembalikan?*
Where's the gas tank?	*Di mana tangki bensinnya?*
How do I open the tank?	*Bagaimana buka tangki bensin?*
What sort of fuel does it take?	*Jenis bahan bakarnya apa?*

The parts of a car

(the diagram shows the numbered parts)

1	battery (car)	*aki*
2	rear light	*lampu belakang*
3	rear-view mirror	*kaca spion depan*
4	gas tank	*tangki bensin*
5	spark plugs	*busi*
6	side mirror	*kaca spion samping (kiri-kanan)*
7	trunk	*tempat bagasi*

8	headlight	*lampu depan*
9	air filter	*saringan udara*
10	door	*pintu*
11	radiator	*radiator*
12	brake disc	*keping rem*
13	indicator	*lampu sein*
14	windshield wiper	*wiper*
15	seat belt	*sabuk pengaman*
16	wheel	*roda*
17	spare tire	*ban serep*

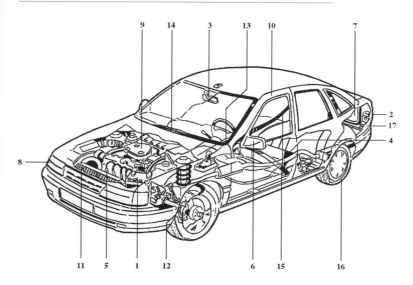

5.4 The gas/petrol station

Gas stations in Indonesia are called *pompa bensin*, and gas is relatively cheap.

Key Vocabulary				
car	liter	diesel	full	tire
mobil	*liter*	*solar*	*penuh*	*ban*

How many kilometers to the closest station?	*Berapa kilometer ke pompa bensin terdekat?*
I would like 50 liters of Premium, please.	*Saya mau premium lima puluh liter.*
I would like 50 liters of diesel, please.	*Saya mau solar lima puluh liter.*
I would like 500,000 rupiah worth of super.	*Saya mau lima ratus ribu rupiah premium.*
Fill her up, please.	*Tolong diisi penuh.*
Could you check the oil level?	*Tolong periksa olinya.*
Could you check the tire pressure?	*Tolong periksa tekanan ban.*
Could you change the oil, please?	*Tolong ganti olinya.*
Could you clean the windows, please?	*Tolong bersihkan kaca mobil.*
Could you wash the car, please?	*Tolong cuci mobilnya*

5.5 Breakdowns and repairs

Key Vocabulary

breakdown *mogok*	motorcycle *sepeda motor*	to fix *perbaiki*
key *kunci*	repair shop *bengkel*	to change *ganti*
car *mobil*	closest *terdekat*	ready *siap*

| My car has broken down! | *Mobil saya mogok!* |

Could you help me a hand?	*Tolong bantu saya.*
I've run out of gas.	*Saya kehabisan bensin.*
I've locked the keys in the car.	*Kuncinya tertinggal di dalam mobil.*
The car won't start.	*Mobilnya tidak mau jalan.*
The motorcycle won't start.	*Sepeda motor tidak mau jalan.*
Could you give me a lift to the nearest garage?	*Bisakah saya menumpang sampai bengkel terdekat?*
Could you give me a lift to the nearest town?	*Bisakah saya menumpang sampai kota terdekat?*
Could you help me call a mechanic?	*Bisa bantu menghubungi tukang bengkel?*
Could you help me jump start my car?	*Bisa bantu saya untuk memancing/ menjumper mobil saya?*
Can you help me call a tow truck?	*Bisa bantu panggil mobil derek?*
Could you tow my car to a garage?	*Bisa menderek mobil saya ke bengkel?*
There's probably something wrong with… (See page 65)	*Mungkin...nya rusak*
The tire's flat.	*Bannya kompes.*
The tire's been punctured.	*Bannya bocor.*
Can you fix it?	*Bisa diperbaiki?*
Could you fix my tire?	*Bisa memperbaiki ban saya?*
Could you change this wheel?	*Bisa ganti roda ini?*
Can you fix it so I can get to…?	*Bisa diperbaiki supaya saya bisa ke...?*

Which garage can help me?	*Bengkel mana yang dapat menolong saya?*
When will my car be ready?	*Kapan mobil saya selesai?*
When will my bicycle be ready?	*Kapan sepeda saya selesai?*
When will my motorcycle be ready?	*Kapan sepeda motor saya selesai?*
Have you finished?	*Sudah selesai?*
Can I wait for it here?	*Bisa ditunggu?*
How much will it cost?	*Berapa harganya?*
Please itemize the bill.	*Tolong tulis perincian di bonnya.*
Could you give me a receipt for insurance purposes?	*Bisa minta kwitansi untuk asuransinya?*
How long will it take to get my car fixed?	*Berapa lama untuk memperbaiki mobil saya?*

Motorcycles and bicycles

See the diagram on page 69

Motorcycles and bicycles can be rented throughout Indonesia and spare parts are usually available. Motorcyclists should have a license and it is illegal to ride without a helmet. Cycling in Indonesia can be dangerous, particularly on Java which is mountainous and where traffic is heavy.

 At the repair shop

Kami tidak punya suku cadang untuk mobil Anda.	I don't have the spare parts for your car.
Kami tidak punya suku cadang untuk sepeda (motor) Anda.	I don't have the spare parts for your (motor)bike

The parts of a motorcycle/bicycle

(the diagram shows the numbered parts)

1	rear wheel	*roda belakang*
2	gear change	*persneling, gigi*
3	chain	*rantai*
	chain guard	*atau keteng*
4	headlight	*lampu depan*
	bulb	*bola lampu*
5	pump	*pompa*
6	reflector	*cermin cahaya*
7	brake shoe	*kampas rem*
8	brake cable	*kabel rem*
9	carrier straps	*penyangga barang*
10	spoke	*jari-jari*
11	mudguard	*slebor*
12	handlebar	*stang*
13	pedal	*pedal*
	toe clip	*ikat pedal*
14	drum brake	*tromol*
15	rim	*pelek/velg*
16	valve	*pentil*
17	gear cable	*kabel kecepatan*
18	front wheel	*roda depan*
19	saddle	*sadel*

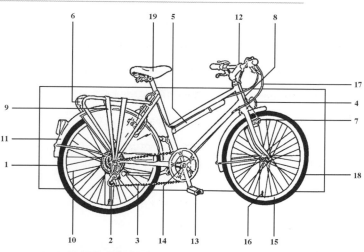

Saya harus cari suku cadang.	I have to get the parts.
Saya harus pesan suku cadang.	I have to order the parts.
Perlu waktu setengah hari.	That'll take half a day.
Perlu waktu satu hari.	That'll take a day.
Perlu waktu beberapa hari.	That'll take a few days.
Perlu waktu satu minggu.	That'll take a week.
Mobil Anda hancur total.	Your car is a write-off.
Tidak bisa diperbaiki.	It can't be repaired.
Mobil akan siap pada jam...	The car will be ready at…o'clock.
Sepeda motor akan siap pada jam...	The motorbike will be ready at…o'clock
Sepeda akan siap pada jam...	The bicycle will be ready at …o'clock.

5.7 Getting a lift

Where are you heading?	*Ke mana Anda mau pergi?*
Can I get a lift?	*Boleh saya menumpang?*
Can my friend come too?	*Bolehkah teman saya ikut?*
I'd like to go to…	*Saya mau pergi ke...*
Can you going that way?	*Anda menuju ke arah sana?*
Is this the way to…?	*Apakah ini jalan menuju ke arah...?*
Could you drop me at…?	*Bisa turunkan saya di...?*
Could you drop me here?	*Bisa saya turun di sini?*
Could you drop me at the entrance to the expressway?	*Bisa saya turun di pintu masuk jalan tol?*
Could you drop me in the town center?	*Bisa saya turun di pusat kota?*

Could you drop me at the next intersection?	*Bisa saya turun di persimpangan berikutnya?*
Stop here, please.	*Tolong berhenti di sini.*
I'd like to get out here.	*Saya mau turun di sini.*
Thanks for your help!	*Terima kasih atas bantuannya!*

6. Traveling in Indonesia

Modes of transportation

Flying is a convenient means of travel within Indonesia. Fares are relatively low and airlines such as Garuda and Lion Air fly to all major cities throughout the country. Tickets can be booked online or through travel agents. It is generally cheaper to purchase domestic tickets once you arrive in Indonesia rather than from overseas.

On arrival at an Indonesian airport (*bandara*), you will find the following signs:

Key Vocabulary

Internasional International	*Kedatangan* Arrivals	*Penerbangan Domestik* Domestic Flights
Keberangkatan Departures	*Lapor* Check-In	*Imigrasi* Immigration

---

Train travel in Indonesia is limited to Java and some areas of Sumatra. There are three classes: Executive, which has reclining seats; Business; and Economy, which is more crowded and less comfortable. Book executive and business tickets well in advance online through a travel agent or at major railway stations.

Metered taxis operate in the major cities and tourist areas. If you take an unmetered taxi, you have to negotiate the price before starting your journey. In smaller towns and rural areas you can also hire a bicycle rickshaw or *becak* for shorter trips though these are now banned in larger cities. You should negotiate the fare in advance.

Key Vocabulary

to hire	occupied	taxi stand
sewakan	*isi/ada orangnya*	*pangkalan taksi*

Taxi!	*Taksi!*
Please get me a taxi.	*Tolong carikan taksi.*
Where can I find a taxi?	*Di mana bisa memesan taksi?*
Take me to this address, please.	*Tolong antar saya ke alamat ini.*
Take me to Hotel…, please.	*Tolong antar saya ke hotel…*
Take me to the downtown, please.	*Tolong antar saya ke pusat kota.*
Take me to the station, please.	*Tolong antar saya ke stasiun.*
Take me to the airport, please.	*Tolong antar saya ke bandara.*
How much is it to get there?	*Berapa ongkosnya?*
How far is it from here?	*Berapa jauh dari sini?*
Turn on the meter, please.	*Bisa pakai argo?*
I'm in a hurry.	*Saya harus terburu-buru.*
Could you speed up a little?	*Bisa lebih cepat sedikit?*
Could you slow down?	*Bisa lebih pelan?*
Could you take a different route?	*Bisa ambil jalan lain?*
I'd like to get out here.	*Saya mau turun di sini.*
Stop.	*Berhenti.*
Go…	*Ayo…jalan.*

You have to go this way.	*Anda harus mengikuti jalur/rute ini.*
Go straight ahead.	*Lurus saja.*
Turn left.	*Belok kiri.*
Turn right.	*Belok kanan.*
This is it.	*Ini dia.*
We're here.	*Kita sudah sampai.*
Could you wait a minute?	*Tolong tunggu sebentar.*

Buses, planes and trains are the main forms of intercity transport in Indonesia and most areas are well serviced. Tickets can be booked online or through travel agents or at bus company offices or train stations. Bus prices vary according to the quality of service, and range from *bus ekonomi* (cheap but crowded) to *bus pariwisata* (tourist buses with air conditioning and extra legroom). Minibuses and converted pick-ups called *bemos* and *angkots* also operate on shorter routes.

Key Vocabulary

airplane	bus	train
pesawat	*bus*	*kereta api*
seat	to leave	to arrive
kursi	*berangkat*	*sampai*
what time?	to	from
Jam berapa?	*ke*	*dari*

Where is this train going?	*Kereta api ini berangkat ke mana?*
Does this boat go to…?	*Apa kapal ini berangkat ke…?*
Can I take this bus to…?	*Bisa naik bus ini ke…?*
Does this train stop at…?	*Kereta api ini berhenti di…?*
Is this seat free?	*Tempat ini kosong?*
I've reserved…	*Saya sudah reservasikan…*
Please tell me when we reach Bandung.	*Tolong beritahu nanti kalau sudah sampai di Bandung.*

Could you let me know when we reach Yogya?	*Tolong beritahu saya jika sudah di Yogya.*
Please stop at the next stop.	*Tolong berhenti di halte berikutnya.*
Where are we now?	*Di mana sekarang?*
Do I have to get off here?	*Apa saya harus turun di sini?*
Have we already passed...?	*Apa kita sudah lewat...?*
How long have I been asleep?	*Berapa lama saya tertidur?*
How long does the train stop here?	*Berapa lama kereta api berhenti di sini?*
Can I come back on the same ticket?	*Boleh kembali dengan karcis yang sama?*
Can I change on this ticket?	*Bisa saya menukarkan karcis ini api dengan karcis ini?*
How long is this ticket valid?	*Berapa lama karcis ini berlaku?*
How much is the extra fare for the high speed train?	*Berapa biaya tambahan untuk kereta api ekspres?*

Announcements

Kereta api jam...tujuan ...tertunda sekitar...menit	The [time] train to...has been delayed by approximately... minutes
Kereta api tujuan ke...tiba di jalur...	The train to...is now arriving at platform...
Kereta dari...akan tiba di jalur...	The train from...is now arriving at platform...
Kereta ke...akan diberangkatkan dari jalur...	The train to...will leave from platform...
Stasiun berikutnya adalah...	The next station is...
Kereta api jam...tujuan...akan diberangkatkan dari jalur...	The [time] train to...will leave from platform...

6.2 Immigration and customs

All visitors to Indonesia must have a valid passport for at least six months from the date of arrival, as well as show a return or through ticket. For citizens of ASEAN countries, visas are not required for a stay of up to 60 days. A 30-day visa on arrival is available for free for US, UK, Australian and most Western European nationals. Check your nation's visa requirements online, though, to be sure. The visa issued on arrival cannot be easily extended and employment is strictly forbidden.

Business travelers may be required to pay a fee for the visa on arrival (which is intended primarily for tourists).

Travelers are permitted a duty-free allowance of 1 liter of alcohol, 200 cigarettes and 50 cigars or 100g of tobacco. Each traveler may carry no more than Rp 5.000.000 (five million rupiah) out of the country, though this amount may be subject to change. There are no restrictions on foreign currency. Drugs, firearms and pornography are prohibited. Most visitors arrive by air.

Key Vocabulary

passport *paspor*	to stay *tinggal*	to arrive *datang*	month *bukan*
visa *visa*	to declare *lapor*	to leave *berangkat*	year *tahun*
document *surat*	to open *buka*	day *hari*	duty *bea cukai*

Personal details

surname	*nama keluarga*
first name	*nama depan*
address	*alamat*
postal (zip) code	*kode pos*
sex (gender)	*jenis kelamin*

male	*laki-laki*
female	*perempuan*
nationality	*kebangsaan*
citizenship	*kewarganegaraan*
date of birth	*tanggal lahir*
place of birth	*tempat lahir*
occupation	*pekerjaan*
marital status	*status perkawinan*
married	*menikah*
single	*belum menikah*
widow/widower	*janda (f)/duda (m)*
(number of) children	*jumlah anak*
passport	*paspor*
identity card	*kartu identitas*
driving license	*SIM* (short for *Surat Ijin Mengemudi*)
driving license number	*nomor SIM*
place and date of issue	*tempat dan tanggal dikeluarkan*
signature	*tanda tangan*
My children are on my passport.	*Anak saya masuk di paspor saya.*
I'm in transit.	*Saya transit.*
I'm going on vacation to Bali.	*Saya akan liburan ke Bali.*
I'm on a business trip.	*Saya datang untuk bisnis.*
I'll be staying for a few days.	*Saya akan tinggal beberapa hari.*
I'll be staying for a week.	*Saya akan tinggal satu minggu.*
I'll be staying for two weeks.	*Saya akan tinggal dua minggu.*

I've got nothing to declare.	*Tidak ada yang harus dilaporkan.*
I have a carton of cigarettes.	*Saya ada satu slop rokok.*
I have a bottle of beer.	*Saya ada satu botol bir.*
I have some souvenirs.	*Saya punya beberapa oleh-oleh.*
These are personal effects.	*Ini barang-barang pribadi.*
These are not new.	*Ini tidak baru.*
Here's the receipt.	*Ini kwitansinya.*
This is for personal use.	*Ini untuk keperluan pribadi.*
How much import duty do I have to pay?	*Berapa pajak bea cukai yang harus dibayar?*
May I go now?	*Boleh saya pergi sekarang?*

 At the immigration/customs counter

Paspor?	Your passport, please.
Ada visa?	Do you have a visa?
Surat-surat.	Your documents, please.
Anda pergi ke mana?	Where are you heading?
Berapa lama tinggal di sini?	How long are you planning to stay?
Ada yang harus dilaporkan?	Do you have anything to declare?
Tolong dibuka.	Open this, please.

6.3 Luggage

Key Vocabulary

| bag | suitcase | locker | missing |
| *tas* | *kopor* | *loker* | *hilang* |

| Porter! | *Pak!* |
| Could you help me take this bag to…? | *Bisa tolong bawa koper ini ke…?* |

How much do I owe you?	*Berapa?*
Where can I find a luggage cart?	*Dimana saya bisa mendapatkan troli barang?*
Could you store this bag for me?	*Tolong titipkan koper ini.*
Where are the luggage lockers?	*Dimana loker bagasi?*
I can't get the locker open.	*Saya tidak bisa buka lokernya.*
How much is it per day?	*Berapa biaya sewa per hari?*
This is not my bag.	*Ini bukan tas saya.*
This is not my suitcase.	*Ini bukan koper saya.*
There's one item missing.	*Ada satu barang yang hilang.*
There's one bag missing.	*Ada satu tas yang hilang.*
There's one suitcase missing.	*Ada satu koper yang hilang.*
My suitcase is damaged.	*Koper saya rusak.*
My luggage has not arrived.	*Bagasi saya belum sampai.*
Can I get any compensation during this time as my belongings are all in the luggage?	*Boleh saya minta kompensasi karena barang-barang penting saya semua ada di dalam bagasi?*
This is my hotel's address.	*Ini alamat hotel saya.*
Please send the luggage to my hotel.	*Tolong kirim bagasinya ke hotel saya.*

6.4 Buying a ticket

Key Vocabulary

ticket	one way	class
karcis	*sekali jalan*	*kelas*
ticket counter	two ways	
loket	*pulang pergi*	

Where can I buy a ticket?	*Dimana saya bisa beli karcis?*
Where can I reserve a seat?	*Dimana saya bisa reservasikan tempat?*
Where can I book a flight?	*Dimana saya bisa booking pesawat?*
Could I have a ticket for…please?	*Bisa minta karcis untuk…?*
A single ticket to…, please.	*Satu karcis sekali jalan ke…*
A return ticket to…, please.	*Satu karcis pulang pergi ke…*
An executive class ticket, please.	*Satu karcis kelas eksekutif.*
A business class ticket, please.	*Satu karcis kelas bisnis.*
An economy class ticket, please.	*Satu karcis kelas ekonomi.*
I'd like to reserve a seat.	*Saya mau pesan tempat.*
I'd like to reserve a smoking seat.	*Saya mau pesan tempat merokok.*
I'd like to reserve a non-smoking seat.	*Saya mau pesan tempat tidak merokok.*
I'd like to reserve a seat by the window.	*Saya mau pesan tempat dekat jendela.*
I'd like to reserve a seat at the front.	*Saya mau pesan tempat di depan.*
I'd like to reserve a seat at the back.	*Saya mau pesan tempat di belakang.*
There are three of us.	*Kami bertiga.*
We have two bicycles.	*Kami punya dua sepeda.*
Do you have a weekly travel card?	*Apa ada karcis mingguan?*
Do you have monthly tickets?	*Apa ada karcis bulanan langganan?*

Ticket types

Kelas ekonomi atau kelas bisnis?	Economy or business class?
Sekali jalan atau pulang pergi?	Single or return ticket?
Kursi di sebelah jendela?	Window?
Depan atau belakang?	Front or back?
Ekonomi atau kelas satu?	Economy or first class?
Kabin atau tempat duduk?	Cabin or seat?
Untuk satu orang atau dua orang?	Single or double?
Untuk berapa orang?	How many are traveling?

 Destination

Anda mau ke mana?	Where are you going?
Kapan Anda berangkat?	When are you leaving?
...Anda berangkat pada...(jam)	Your...leaves at...(time)
Anda harus ganti pesawat.	You have to change planes.
Anda harus turun di...	You have to get off at...
Anda harus pergi melalui...	You have to go via...
Perginya pada...(hari)	The outward journey is on...(day)
Perginya pada...(tanggal)	The outward journey is on...(date)
Pulangnya pada...	The return journey is on...
Anda harus sudah naik pada jam...	You have to be on board by...o'clock

Onboard

Karcis?	Tickets, please.
Reservasi/Pesanan?	Your reservation, please.
Paspor?	Your passport, please.
Anda salah tempat.	You're in the wrong seat.
Anda telah melakukan kesalahan.	You have made a mistake.
Tempat duduk ini sudah direservasi.	This seat is already reserved.
Ada biaya tambahan untuk itu.	You'll have to pay extra.
...ditunda selama...menit.	The...has been delayed by...minutes

6.5 Getting travel information

Key Vocabulary

schedule	bus station	airport
jadwal	*terminal bus*	*bandara*
information counter	train station	
loket informasi	*stasiun kerata api*	

Where's the information counter?	*Di mana loket informasi?*
Can I see a schedule?	*Bisa lihat jadwal?*
Where's the bus station?	*Di mana terminal bus?*
Do you have a city map with bus routes on it?	*Apa ada peta kota dengan rute bus?*
Can I get a refund for this ticket?	*Apakah karcis ini bisa diuangkan kembali?*
I'd like to confirm my reservation to Bali.	*Saya ingin konfirmasi reservasi ke Bali.*

I'd like to cancel my reservation for Bali.	*Saya ingin membatalkan reservasi ke Bali.*
I'd like to change my reservation for Bali.	*Saya ingin mengubah reservasi ke Bali.*
I'd like to confirm my ticket to Lombok.	*Saya ingin mengkonfirmasi tiket ke Lombok.*
I'd like to cancel my ticket to Lombok.	*Saya ingin membatalkan tiket ke Lombok.*
I'd like to change my ticket to Lombok.	*Saya ingin mengubah tiket ke Lombok.*
I'd like to go to…	*Saya mau pergi ke...*
What's the quickest way to get there?	*Mana jalur yang cepat untuk kesana?*
How much is a one way ticket to Yogyakarta?	*Berapa karcis sekali jalan ke Yogyakarta?*
How much is a return ticket to Makassar?	*Berapa karcis pulang-pergi ke Makassar?*
Do I have to pay extra?	*Apa ada biaya tambahan?*
Can I break my journey with this ticket?	*Bisa saya membatalkan tiket ini?*
Is this a direct train?	*Apa kereta ini langsung?*
How much luggage am I allowed?	*Berapa kilo untuk batas bagasi?*
Do I have to change planes?	*Apa saya harus ganti pesawat?*
Does the plane stop anywhere?	*Apa pesawatnya berhenti di suatu tempat?*
Does the boat stop at any ports on the way?	*Apa kapal ini berhenti di pelabuhan lain selama perjalanan?*
Does the train stop at Surabaya?	*Apa kereta ini berhenti di Surabaya?*
Does the bus stop at Surabaya?	*Apa bus ini berhenti di Surabaya?*

Where do I have to get off?	*Di mana saya harus turun?*
Is there a flight to Yogyakarta?	*Apa ada penerbangan ke Yogyakarta?*
How long do I have to wait?	*Berapa lama harus menunggu?*
When does it leave?	*Kapan berangkat?*
What time does the first bus leave?	*Jam berapa bus yang pertama berangkat?*
What time does the next train leave?	*Jam berapa kereta yang berikut berangkat?*
What time does the last flight leave?	*Jam berapa penerbangan yang terakhir berangkat?*
How long does it take?	*Berapa lama?*
What time does it arrive?	*Jam berapa sampai?*
Where does the bus to Surabaya leave from?	*Di mana bus ke Surabaya berangkat?*
Is this the flight to Lombok?	*Apa penerbangan ini ke Lombok?*
Is this the train to Surabaya?	*Apa kereta ini ke Surabaya?*

7. Finding a place to stay

Accommodations in Indonesia

Accommodations in Indonesia are plentiful and varied. Hotels can range from luxury resorts in Jakarta and Bali to simple guesthouses (or *losmen*), depending on your budget. Hotels are required to post room rates at the reception desk. It is always worth bargaining over the price as many, particularly the more expensive ones, may be willing to offer "discounts". Booking online in advance is usually much cheaper. Many airports have a hotel booking counter in the arrival area.

Very small hotels and guesthouses in smaller towns will sometimes have "squat" rather than western-style toilets, and feature a *bak mandi* (water tank) for bathing. Don't climb into the tank, but pour the water over yourself using the plastic water ladle.

 Checking in

Boleh lihat paspornya?	May I see your passport?
Berapa malam akan menginap?	How many nights will you stay?
Ada reservasi?	Do you have a reservation?
Tolong isi formulir ini.	Fill out this form, please.
Kami perlu DP.	We'll need a deposit.
Anda harus bayar di muka.	You'll have to pay in advance.

My name is…	*Nama saya…*
I have a reservation.	*Saya punya reservasi.*

Here's my passport.	*Ini paspornya.*
I reserved a room online from Agoda.com.	*Saya reservasikan kamar online dari Agoda.com.*
I reserved a room via your website.	*Saya sudah reservasikan dari websitenya.*
I reserved a room from Booking.com.	*Saya sudah punya reservasi dari Booking.com.*
Here's my booking confirmation.	*Ini konfirmasinya.*
How much is it per night?	*Berapa biaya per malam?*
How much is it per week?	*Berapa biaya per minggu?*
Can you give a discount?	*Ada diskonnya?*
We'll be staying one night.	*Kami akan menginap satu malam.*
We'll be staying two nights.	*Kami akan menginap dua malam.*
We'll be staying X nights.	*Kami akan menginap X malam.*
We'll be staying one week.	*Kami akan menginap satu minggu.*
We don't know yet.	*Kami belum tahu.*
Could you get me a taxi?	*Tolong panggilkan taksi.*

7.2 At the hotel

Key Vocabulary

hotel	single room	room rate	bed
hotel	*kamar untuk satu orang*	*tarif kamar*	*tempat tidur*
room	double room	breakfast	bathroom
kamar	*kamar untuk dua orang*	*sarapan*	*kamar mandi*

Do you have a single room?	*Ada kamar kosong untuk satu orang?*
Do you have a double room?	*Ada kamar kosong untuk dua orang?*

What is the room rate?	*Berapa tarif kamarnya?*
per person	*per orang*
per night	*per malam*
per room	*per kamar*
Does this hotel have free Wi-Fi?	*Ada Wifi di hotel ini?*
Does the room have free Wi-Fi?	*Ada Wifi dalam kamar?*
Does that include breakfast?	*Apa itu sudah termasuk sarapan?*
Does the room have an attached bath?	*Apa kamar itu ada kamar mandi?*
Could we have two adjoining rooms?	*Boleh kami dapat dua kamar yang berhubungan?*
Could we have a room with a bathroom?	*Boleh kami dapat kamar dengan kamar mandi?*
Could we have a room facing the garden?	*Boleh kami dapat kamar menghadap taman?*
Could we have a room at the back?	*Boleh kami dapat kamar di belakang?*
Could we have a room with a sea view?	*Boleh kami dapat kamar dengan pemandangan laut?*
Is there X in the hotel?	*Apa ada X di hotel?*
Is there an elevator in the hotel?	*Apa ada lift di hotel?*
Do you have room service?	*Apa ada layanan kamar?*
Can I see the room?	*Boleh saya lihat kamarnya?*
I'll take this room.	*Saya ambil kamar ini.*
We don't like this one.	*Kami tidak suka kamar ini.*
Do you have a larger room?	*Apa ada kamar lebih besar?*
Do you have a less expensive room?	*Apa ada kamar lebih murah?*
Could you put in a cot?	*Bisa minta tempat tidur tambahan?*

What time's breakfast?	*Jam berapa sarapan?*
Where's the dining room?	*Di mana ruang makan?*
Can I have breakfast in my room?	*Bisa saya minta tolong diantarkan sarapan ke kamar saya?*
Where's the emergency exit/fire escape?	*Di mana tangga darurat?*
Where can I park my car?	*Di mana bisa parkir mobil?*
The key to room X, please.	*Minta kunci kamar nomor X.*
I want to put something in the safe.	*Saya mau menitipkan barang di brankas.*
Could you wake me at X o'clock tomorrow?	*Tolong bangunkan saya pada jam X besok.*
Could I borrow a phone charger?	*Bisa saya pinjam charger telepon?*
Could I borrow an adaptor?	*Bisa saya pinjam adaptor?*
Do you have a portable Wi-Fi router for rent?	*Ada router Wifi yang bisa disewakan?*
Could I have an extra blanket?	*Boleh minta selimut?*
Could I have an extra pillow?	*Boleh minta bantal tambahan?*
Could you find a babysitter for me?	*Boleh panggil pengasuh?*
When is the room cleaned?	*Jam berapa kamar dibersihkan?*
When are the sheets changed?	*Kapan seprei diganti?*
When are the towels changed?	*Kapan handuk diganti?*
Where is the nearest convenience store?	*Dimana minimarket yang paling dekat?*
Are there any good places to eat around here?	*Ada tempat bagus untuk makan dekat sini?*

Could you take me to the restaurant?	*Bisakah saya diantar ke restoran itu?*
Do you have a first-aid kit?	*Apakah ada P3K disini?*
Is there a clinic near the hotel?	*Ada klinik di dekat hotel?*
Can you call a doctor?	*Bisakah menghubungi dokter untuk kemari?*
Can you help me arrange a tour?	*Bisakah anda mengatur tur?*
Is it possible to upgrade our room?	*Kamarnya bisa di-upgrade?*
Do you have a bottle sterilizer?	*Ada sterilizer botol bayi?*

7.3 Complaints

It's too noisy. We can't sleep.	*Kami tidak bisa tidur karena berisik.*
Could you turn the television down, please?	*Tolong kecilkan televisi.*
Could you turn the music down, please?	*Tolong kecilkan musiknya.*
We're out of toilet paper.	*Kami kehabisan tisu toilet.*
There aren't any X.	*Tidak ada X.*
There's not enough X.	*Tidak ada cukup X.*
The room hasn't been cleaned.	*Kamarnya belum dibersihkan.*
The kitchen is not clean.	*Dapurnya tidak bersih.*
The air conditioning isn't working.	*ACnya rusak.*
There's no (hot) water.	*Tidak ada air (panas).*
There's no electricity.	*Listriknya mati.*
The light is not working.	*Lampunya mati.*

Could you fix this?	*Tolong itu diperbaiki.*
Could I have another room?	*Bisa saya ganti kamar?*
The mattress sags.	*Kasurnya reot.*
Could I have a board under the mattress?	*Bisa minta papan di bawah kasur?*
It's too noisy.	*Terlalu berisik.*
There are a lot of mosquitoes.	*Ada banyak nyamuk.*
Do you have mosquito spray?	*Ada obat nyamuk?*
There are a lot of bugs.	*Ada banyak kutu.*
This place is full of mosquitoes.	*Banyak nyamuk di sini.*
This place is full of cockroaches.	*Banyak kecoa di sini.*

7.4 Departure

See also 8.2 Settling the bill

I'm leaving tomorrow.	*Saya berangkat besok.*
Could I pay my bill, please?	*Saya mau membayar.*
What time should we check out?	*Jam berapa harus keluar?*
Could I have my deposit back, please?	*Bisa minta kembali uang muka saya?*
Could I have my passport back, please?	*Bisa minta kembali paspor saya?*
We're in a big hurry.	*Kami sedang terburu-buru.*
Could we leave our luggage here until we leave?	*Boleh titip koper di sini sampai kami berangkat?*
Thanks for your help.	*Terima kasih atas bantuannya.*

7.5 Camping

See the diagram on page 95

Most places around Indonesia have affordable accommodation, thus camping isn't very common, and the only places you can really do this are in national parks, or on mountain hiking trails, which will likely have few amenities. Specialist hiking tour operators provide guides and equipment for overnight camping trips, usually in mountain areas. Make sure they are experienced and have proper equipment! Many volcanoes are very dangerous to climb. Glamping options are sometimes available too; check online.

Do you provide mountain climbing tours?	*Ada tur mendaki gunung?*
Does it go to the peak?	*Sampai ke puncak?*
How many hours is the climb?	*Berapa jam untuk pendakian?*
Is it difficult?	*Sulit atau tidak?*
Do we stay overnight on a mountain?	*Kita bermalam di gunung?*
Is it cold? What is the temperature?	*Dingin atau tidak? Berapa suhu?*
Do you provide all the equipment?	*Apa semua perlengkapan sudah tersedia?*
What do you provide?	*Perlengkapannya apa saja?*
Is it safe?	*Aman atau tidak?*
Who is the guide?	*Siapa pendampingnya?*
Is he experienced?	*Dia sudah berpengalaman?*
Are we allowed to camp here?	*Apa kami boleh berkemah di sini?*
There are three of us, and we have two tents.	*Kami bertiga, dan punya dua tenda.*
It's too windy here.	*Terlalu banyak angin di sini.*

It's too sunny here.	*Terlalu panas di sini.*
It's too shady here.	*Terlalu gelap di sini.*
It's too crowded here.	*Terlalu ramai di sini.*
The ground's very hard.	*Tanahnya terlalu keras.*
The ground's uneven.	*Tanahnya tidak rata.*
There are too many mosquitoes here.	*Terlalu banyak nyamuk di sini.*
How much is it per person?	*Berapa biaya per orang?*
How much is it to rent a tent?	*Berapa biaya sewa tenda?*
Do you have chalets for hire?	*Apa bisa sewa vila?*
Is there any hot water?	*Ada air panas?*
Is there a…on the site?	*Apa ada…di lokasi?*
Do you provide cooking facilities?	*Apa ada perlengkapan masak?*
What kind of food do you provide?	*Makanannya apa?*
Is there drinking water?	*Apa ada air minum?*
Where do we put the garbage?	*Dimana kami dapat menaruh sampah?*
When's the garbage collected?	*Kapan sampahnya diambil?*
Do you sell bottled gas?	*Apa ada yang jual tabung gas?*

Camping equipment

(the diagram shows the numbered parts)

	can opener	*pembuka kaleng*
	gas	*tabung gas*
	bottle	*botol*
1	tent	*tenda*

2	gas cooker	*kompor gas*
	primus stove	*kompor kemah*
	lighter	*korek api/geretan*
3	groundsheet	*alas tenda*
	hammer	*palu*
	hammock	*tempat tidur gantung*
4	gas can	*tabung gas*
	campfire	*api unggun*
5	folding chair	*kursi lipat*
6	ice box	*kotak es*
	compass	*kompas*
7	airbed	*kasur udara*
8	airbed pump	*pompa kasur udara*
9	sleeping bag	*kantong tidur*
10	pan	*panci*
11	handle (pan)	*pegangan (panci)*
12	backpack	*ransel*
13	guy rope	*tali tenda*
14	storm lantern	*lentera*
	table	*meja*
15	tent	*tenda*
16	tent peg	*pasak tenda*
17	tent pole	*tiang tenda*
	thermos	*termos*
18	water bottle	*botol air*
	windbreak	*penahan angin*
19	flashlight	*lampu senter*
	penknife	*pisau lipat*

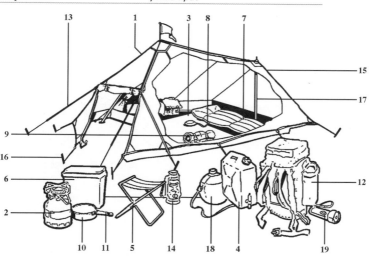

8. Money Matters

8.1   Changing money
8.2   Settling the bill

The Indonesian currency is the **Rupiah**. The largest bank note is Rp 100,000 which is worth about US$6.00. Other notes are Rp 50,000, Rp 20,000, Rp 10,000, Rp 5,000 and Rp 2,000. Common coins are Rp 1,000, Rp 500, Rp 100 and Rp 50.

A 10% VAT sales tax is added to the value of most goods and services. The tax is already included in the prices of goods sold in stores. However, it is added to bills for services including hotel and restaurant bills (and is not included in the quoted prices). An additional service charge of 10% to 15% is also added to bills at hotels and restaurants catering to foreigners.

Money changers can sometimes give better rates than banks and are open for longer hours including weekends. Credit cards are widely accepted and cash advances are available from ATMs in major cities and tourist resort areas. Ask at your hotel. Outside major cities, it is best to carry USD currency and some Rupiah. Make sure you have some smaller notes as taxi drivers and stores are often unable to give change for large notes.

Tipping is not very common in Indonesia. In hotels and larger restaurants, a service charge is added to your bill. In smaller restaurants it is customary to give a small tip of Rp 2,000 or Rp 5,000 to the waiter or waitress if the service was good.

8.1 Changing money

Key Vocabulary

money	dollar	to exchange
uang	*dolar*	*tukar*
cash	Rupiah	exchange rate
uang tunai	*Rupiah*	*kurs*
credit card	pounds sterling	How much?
kartu kredit	*pon sterling*	*Berapa?*

I'd like to change some money.	*Saya mau tukar uang.*
I'd like to change pounds into rupiah.	*Saya mau tukar seratus euro ke rupiah.*
I'd like to change 100 dollars into rupiah.	*Saya mau tukar seratus dolar ke rupiah.*
What's the exchange rate?	*Kursnya berapa?*
Where can I change money around here?	*Di mana saya bisa tukar uang di sini?*
Can I use a credit card?	*Boleh pakai kartu kredit?*
Where is there an ATM?	*Di mana ada mesin ATM?*
Can I withdraw money on my credit card here?	*Bisa tarik uang dari kartu kredit di sini?*
Is there a minimum amount?	*Ada minimumnya?*
What's the maximum amount?	*Ada maksimumnya?*
Can I take out less than that?	*Bisa ambil kurang dari itu?*
This is the number of my bank/giro account.	*Ini nomor bank/rekening giro saya.*

Can you give me a slightly better rate?	*Boleh kasih kurs lebih tinggi sedikit?*
Please give me some small change also.	*Tolong beri uang kecil juga.*
This is not correct.	*Ini tidak betul.*

 At the bank

Tolong tandatangan di sini.	Sign here, please.
Tolong isi di sini.	Fill this out, please.
Boleh lihat paspor?	Could I see your passport, please?
Boleh lihat kartu identitas?	Could I see your identity card, please?
Boleh lihat kartu bank anda?	Could I see your bank card, please?

8.2 Settling the bill

Key Vocabulary

bill *bill*	money *uang*	too little *kurang*
tip *servis*	currency *mata uang*	receipt *kwitansi*
to pay *bayar*	change *uang kembali*	cashier *kasir*
credit card *kartu kredit*	too much *terlalu banyak*	

I would like to pay.	*Saya mau bayar.*
Where do I pay?	*Bayar di mana?*
Please give me the bill.	*Tolong berikan tagihannya.*
Is there any service charge?	*Ada biaya tambahan untuk servis?*

Could you put it on my bill?	*Bisa masukkan ke tagihan?*
Is the tip included?	*Apa tips sudah termasuk?*
Can I pay by credit card?	*Bisa bayar dengan kartu kredit?*
Can I pay with foreign currency?	*Bisa bayar dengan mata uang asing?*
You've given me too much change.	*Kembaliannya terlalu banyak.*
You haven't given me enough change.	*Kembaliannya kurang.*
Could you check this again, please?	*Tolong periksa ini lagi.*
Could I have a receipt, please?	*Bisa minta kwitansinya?*
I don't have enough money on me.	*Saya tidak membawa uang cukup.*
This is for you.	*Ini untuk anda.*
Keep the change.	*Kembaliannya tidak usah.*

At the cashier

Kami tidak terima kartu kredit.	We don't accept credit cards.
Kami tidak terima cek perjalanan.	We don't accept traveler's checks.
Kami tidak terima mata uang asing.	We don't accept foreign currency.

9. Mail, Phones and Internet

9.1   **Mail**
9.2   **Phones**
9.3   **Internet access**

 Mail

Postal services are fairly efficient in Indonesia. Post offices (*kantor pos*) are usually open from 8 a.m. to 2 p.m, Monday to Saturday. Letters and packages sent overseas can be posted, insured and registered (*tercatat*) at any post office, and hotels will often assist you to send letters and postcards.

Express service (*kilat*) within Indonesia and registered delivery (*tercatat*) within Indonesia (*tercatat*) are also available. International courier services are available, including FedEx and DHL, and are often cheaper and much faster than the post. Your hotel can call them to pick up the parcel. Postal agents (*agen pos*) also operate in many tourist areas and are open longer hours. For a small charge they will post letters and parcels for you.

The post office also issues money orders (*pos wesel*) which is a type of check, and money transfers (*giro*).

Key Vocabulary

postcard *kartu pos*	counter *loket*	airmail *pos udaa*
package (postal) *paket*	stamps *perangko*	letter *surat*
courier *kurier*	envelope *amplop*	money orders *pos wesel*

Where is…?	*Di mana…?*
Where is the nearest post office?	*Di mana kantor pos paling dekat?*

Where is the main post office?	*Di mana kantor pos pusat?*
Which counter should I go to?	*Loket mana...?*
Which counter should I go to to wire a money order?	*Loket mana untuk kirim pos wesel?*
Is there a letter for me?	*Ada surat untuk saya?*
My name's...	*Nama saya...*

Stamps

What's the postage for a postcard to Singapore?	*Ongkos atau biaya atau tarif untuk kartu pos ke Singapure?*
Are there enough stamps on it?	*Perangkonya cukup?*
I'd like to buy stamps.	*Saya mau beli perangko.*
I'd like to send this by express mail.	*Saya mau kirim ini lewat pos kilat.*
I'd like to send this by airmail.	*Saya mau kirim ini lewat pos udara.*
I'd like to send this by registered mail.	*Saya mau kirim ini lewat pos tercatat.*

9.2 Phones

Indonesia embraced mobile phones in a big way right from the outset, and these days virtually everyone, including those living in remote rural communities, has a mobile phone.

Prepaid SIM cards for mobile phones are very easy to come by, sold from small kiosks or phone stores. Bring your passport or identification to activate a new SIM. *Pulsa* (top-up credit) is sold from stalls and kiosks in varying amounts and can usually be activated on the spot by the vendor. With so much competition between network operators the cost of domestic mobile calls is cheap, but for overseas calls you should use an Internet-based call app.

Key Vocabulary

international call *SLI*	mobile phone *ponsel/HP*	local call *local*
long-distance call *SLJJ*	text message *SMS*	area code *kode wilayah*
number *nomor*	prepaid credit *pulsa*	battery *baterai*
to dial *putar*	access code *kode akses*	
charge/fee *blaya*	country code *kode negara*	

May I use your phone, please?	*Boleh saya pinjam teleponnya?*
Could you give me the number for international directory assistance?	*Bisa minta nomor bantuan direktori internasional?*
Could you give me the international access code?	*Bisa minta kode akses internasional?*
Could you give me the country code for Australia?	*Bisa minta kode negara Australia?*
Could you give me the area code for Bali?	*Bisa minta kode wilayah untuk Bali?*
Could you give me your phone number?	*Bisa minta nomor telepon?*
Could you check if this number's correct?	*Bisa tolong periksa apakah nomor ini benar?*
Do I have to dial '0' first?	*Apa saya harus putar nol dulu?*
Could you dial this number for me, please?	*Tolong putar nomor ini.*

| What's the charge per minute? | *Berapa biaya per menit?* |
| Have there been any calls for me? | *Apa ada telepon untuk saya?* |

Mobile phones

I would like to buy a prepaid SIM card.	*Saya mau beli kartu SIM prabayar.*
Which card do you recommend	*Kartu mana yang direkomendasikan?*
I want to make local calls.	*Saya mau telepon ke nomor lokal.*
I want to make long-distance calls.	*Saya mau telepon ke nomor jarak jauh.*
I want to make overseas calls.	*Saya mau telepon ke nomor luar negeri.*
Does this include Internet access?	*Apa ini termasuk akses data ke internet?*
I send a lot of texts.	*Saya kirim banyak SMS.*
I want to buy Rp 100,000 of credit	*Saya mau isi pulsa sebanyak seratus ribu rupiah.*
I'm out of credit.	*Pulsa saya habis.*
I'm out of battery.	*Baterai saya habis.*
Can I charge my battery here?	*Baterai saya bisa di-charge disini?/ Bisa saya isi baterai disini?*
Do you have a mobile phone charger?	*Ada charger HP?*

The conversation

Hello, this is…	*Halo, ini…*
Who is this, please?	*Dari siapa?*
Is this…?	*Apa ini…?*
I'm sorry, I've dialed the wrong number.	*Maaf, salah sambung.*

I can't hear you.	*Maaf, saya tidak bisa dengar.*
I'd like to speak to…	*Saya mau bicara dengan…*
Is there anybody who speaks English?	*Ada orang yang bisa berbahasa Inggris?*
Extension…, please.	*Tolong, ekstensi nomor… .*
Could you ask him/her to call me back?	*Tolong minta dia untuk telepon saya kembali*
My name's…	*Nama saya…*
My number's…	*Nomor saya…*
Could you tell him/her I called?	*Tolong beritahu dia bahwa saya sudah telepon.*
I'll call back tomorrow	*Saya akan telepon lagi besok.*

 ### On the phone

Ada telepon untuk Anda.	There's a phone call for you.
Anda harus putar nol dulu.	You have to dial '0' first.
Mohon ditunggu.	One moment, please.
Tidak ada jawaban.	There's no answer.
Salurannya sibuk.	The line's busy.
Anda mau menunggu?	Do you want to hold?
Anda sedang disambungkan.	Connecting you.
Anda salah sambung.	You've got a wrong number.
Dia sedang tidak ada di tempat.	He's/she's not here right now.
Dia akan kembali pada jam…	He'll/she'll be back at…
Ini kotak suara…	This is the voice mail of…
Ini mesin penjawab…	This is the answering machine of…

9.3 Internet access

Internet access has become a vital part of daily life for many Indonesians. Many people get their primary access through their mobile phones, and all mobile phone service providers in Indonesia offer data packages for smartphones. Public Wi-Fi is ubiquitous in towns and cities, and many cafés and restaurants and even some convenience stores provide free Internet access to customers. Most Internet vocabulary—browser, blog, username, app, hotspot and so on—is borrowed directly from English.

Indonesia is a country addicted to social media, with Facebook, Twitter and Instagram in particular having huge numbers of users. Don't be surprised if people you meet even in remote rural areas request to add you as their friend on Facebook!

Some useful apps to download when in Indonesia are Google Translate, which can help you read signs and understand the locals better, Waze and Maps Me to get around, Babbel to learn the basics of Indonesian, Grab, and Gojek (motorbike ride sharing and payment services).

Do you have Wi-Fi?	*Ada Wifi di sini?*
Can I print, please?	*Boleh saya print?*
How much will it cost?	*Biayanya berapa?*
How much will it cost to print in black and white?	*Biayanya berapa untuk print hitam-putih saja?*
How much will it cost to print in color?	*Biayanya berapa untuk print berwarna?*
Is there Wi-Fi here?	*Ada Wifi disini?*
What's the code?	*Apa kodenya?*
What's the password?	*Apa kata sandi?*
Please write it down for me.	*Tolong tuliskan untuk saya.*
Can I add you on Facebook?	*Boleh saya tambahkan anda sebagai teman di Facebook?*

Are you on Facebook?	*Anda memakai Facebook?*
I don't have Facebook.	*Saya tidak punya FB.*
Follow me on Twitter!	*Ikuti saya di Twitter!*
Follow me on Instagram!	*Ikuti saya di Instagram!*
I updated my blog!	*Saya baru saja meng-update blog saya!*
Have you seen it?	*Sudah dilihat?*
Whom do you follow on Instagram?	*Siapa saja yang anda ikuti di Instagram?*
Message me on WhatsApp!	*Whatsapp saya.*

Mail, Phone and Internet

9

10. Shopping

There are lots of bargains for shoppers in Indonesia. Most shops open from 10 a.m. to 9 p.m, Monday to Sunday. All shops are closed on the first day of the Idul Fitri Ramadan holiday.

There are shopping centers throughout the cities and larger towns, and prices at large department stores and luxury shops will most likely be fixed (*harga pas*). Local market vendors and smaller shopkeepers, however, will expect you to bargain for nonessential items (essential food and sundry items have fixed prices though). Start at 50–60% below the initial asking price. Once you have agreed on a price you must purchase the item.

Key Vocabulary

leather goods *barang kulit*	optician *ahli kacamata*	laundry *cuci pakaian*
household goods *barang rumah tangga*	pharmacy *apotek*	florist *toko bunga*
clothing *pakaian*	market *pasar*	bookshop *toko buku*
shop *toko/kios*	ice cream shop *toko es krim*	barber's *tukang cukur*
stationery shop *toko alat tulis*	supermarket *toko swalayan*	menswear *pakaian pria*
fruit shop *toko buah*	fish market *pasar ikan*	women's wear *pakaian wanita*
second-hand market *pasar loak*	herbalist's shop *toko jamu*	bakery *toko roti*

beauty salon, hairdresser	sporting goods	handicrafts
salon (kecantikan)	shop	*kerajinan*
	toko olahraga	
musical instrument shop		footwear
toko alat musik	clothing shop	*toko sepatu*
	toko pakaian	
department store		jeweler's
toko serba ada (toserba)	cheap goods shop	*toko emas*
	toko kelontong	
confectioner's/cake shop		camera shop
toko kue	cobbler	*toko kamera*
	tukang sepatu	
nursery (plants)		greengrocer
kebun bibit, tempat jual	watches	*tukang sayur*
tanaman	*toko jam tangan*	
		toy shop
camping supplies shop	music shop	*toko mainan*
toko perkemahan	*toko musik*	
household appliances		
(white goods)		
toko elektronik		

10.1 At the store

Where can I get…?	*Di mana saya bisa dapat…?*
What time does this shop open?	*Jam berapa toko ini buka?*
Could you tell me where the…department is?	*Bisa tolong tunjukkan di mana bagian…*
Could you help me, please?	*Bisa Anda membantu saya?*
I'm looking for…	*Saya mencari…*
Do you sell English-language books?	*Apa Anda menjual buku berbahasa Inggris?*
I'm just looking around.	*Saya hanya melihat-lihat.*
Can I help you?	*Ada yang bisa saya bantu?*
Do you have a different one?	*Apakah ada yang lain?*

Yes, I'd also like…	*Ya, saya juga mau...*
No, thank you, that's all.	*Tidak, terima kasih, sudah semuanya.*
I prefer this one.	*Saya lebih suka yang ini.*
This is not what I'm looking for.	*Ini bukan yang saya cari.*
Not that, I'd like this one.	*Bukan itu, saya mau yang ini.*
Thank you, I'll keep looking.	*Terima kasih, saya akan cari terus.*
Do you have something less expensive?	*Apa ada yang lebih murah?*
Do you have something smaller?	*Apa ada yang lebih kecil?*
Do you have something larger?	*Apa ada yang lebih besar?*
I'll take this one.	*Saya ambil yang ini.*
Does it come with instructions?	*Apa ada petunjuknya?*
It's too expensive.	*Ini terlalu mahal.*
I'll give you X amount.	*Saya beri... X.*
Could you keep this for me?	*Bisa tolong simpan ini dulu?*
I'll come back later.	*Saya akan balik lagi nanti*
Do you have a bag, please?	*Ada tas ada kantong?*
Could you gift wrap it, please?	*Tolong dibungkus kertas kado.*

With the shop assistant

Maaf, tidak ada.	I'm sorry, we don't have that.
Maaf, sudah habis.	I'm sorry, we're sold out.
Maaf, tidak ada stok sampai...	I'm sorry, we won't have stock in until…
Silakan bayar di kasir.	Please pay at the cash register.
Kami tidak menerima kartu kredit.	We don't accept credit cards.
Kami tidak menerima mata uang asing.	We don't accept foreign currency.

10.2 At the food market

Key Vocabulary

I'd like	kilogram	a quarter
saya minta	*kilogram*	*seperempat*
gram	half	
gram	*setengah*	

I'd like a hundred grams of chicken, please.	*Saya minta seratus gram ayam.*
I'd like half a kilo of sugar, please.	*Saya minta setengah kilo gula.*
I'd like five hundred grams of beef, please.	*Saya minta lima ratus gram daging sapi.*
I'd like a kilo of flour.	*Saya minta satu kilo tepung.*
Please slice it for me.	*Tolong dipotong.*
Please peel it for me.	*Tolong dikupas.*
Can I order it?	*Bisa pesan?*
I'll pick it up tomorrow.	*Saya ambil besok.*

I'll pick it up at 5 p.m.	*Saya ambil jam lima sore.*
Can I eat this?	*Bisa dimakan?*
Can I drink this?	*Bisa diminum?*
What's in it?	*Apa isinya?*
How do you cook it?	*Dimasak bagaimana?*

10.3 Clothing and shoes

Key Vocabulary

to match *cocok*	sleeves *lengan*	shorts *celana pendek*
clothing *pakaian*	dress *rok*	shirt *kemeja*
shoes *sepatu*	T-shirt *kaos*	silk *sutra*
size *ukuran*	blouse *blus*	cotton *katun/kain katun*
heel *tumit*	pants *celana*	jacket *jas*

I saw it in the window.	*Saya lihat di etalase.*
Shall I point it out?	*Boleh saya tunjukkan?*
I'd like something to go with this.	*Saya mau sesuatu yang cocok dengan ini.*
Do you have shoes to match this?	*Apa ada sepatu yang cocok dengan ini?*
I'm a size X in the U.S.	*Ukuran saya X di Amerika,*
Can I try it on?	*Bisa dicoba?*
Where's the fitting room?	*Di mana kamar pas?*
It doesn't suit me.	*Ini kurang cocok.*

The size is correct.	*Ukurannya pas.*
It doesn't look good on me.	*Kurang cocok untuk saya.*
Do you have this/these in…?	*Apa ada ini di...?*
The heel's too high.	*Tumitnya terlalu tinggi.*
The heel's too low.	*Tumitnya terlalu rendah.*
Is this real leather?	*Apa ini kulit asli?*
I'm looking for clothes for a four year-old child.	*Saya cari pakaian untuk anak umur empat tahun.*
I'd like a silk blouse.	*Saya cari blus sutra.*
I'd like a cotton shirt.	*Saya cari kemeja katun.*
I'd like a jacket.	*Saya mau jaket.*
I'd like a pair of linen pants.	*Saya mau sepasang celana linen.*
Will it shrink in the wash?	*Apa ini mengerut kalau dicuci?*

| Machine washable
Cuci dengan mesin | Do not spin dry
Jangan berputar kering | Do not iron
Jangan disetrika |
| Hand wash
Cuci dengan tangan | dry cleaning
cuci kering | |

At the cobbler/shoemaker

Could you mend these shoes?	*Sepatu ini tolong diperbaiki*
Could you reheel these shoes?	*Tumit di sepatu ini tolong diganti/ diperbaiki.*
Could you resole these shoes?	*Sol di sepatu ini tolong diperbaiki/ diganti.*
When will they be ready?	*Kapan selesainya?*
I'd like a can of shoe polish, please.	*Saya mau sekaleng semir sepatu.*

I'd like a pair of shoelaces, please.

Saya mau tali sepatu.

I'd like a pair of insoles, please.

Saya cari insole untuk sepatu.

Cameras

single-lens reflex camera *kamera SLR*	photo-editing *mengedit foto*
high-definition digital camera *kamera digital definisi tinggi*	correction feature *fitur koreksi*
digital camera *kamera digital*	optical zoom *lensa zoom*
facial recognition camera *kamera pengenalan wajah*	SD card *kartu SD*
digital camera *kamera digital*	video *video*
camera shake *goyangan kamera*	

I'd like to print out pictures from my digital camera.

Saya mau cetak foto-foto dari kamera digital saya.

Where can I do it?

Dimana bisa saya dapatkan?

I'd like a 64 GB memory card for this camera.

Saya minta kartu memori enam puluh empat GB untuk kamera ini.

Can you upload my photos to Facebook?

Bisakah anda mengunggah foto-foto saya ke Facebook?

I'd like batteries for this digital camera.

Saya cari baterai buat kamera digital ini.

Two AA batteries, please.

Minta dua baterai AA.

Problems

Could you have a look at my camera, please?	*Bisa periksa kamera saya?*
It's not working	*Ini rusak.*
The flash isn't working.	*Lampu kilatnya tidak berfungsi.*
The lens isn't focusing properly.	*Lensanya tidak berfokus dengan benar.*
I'd like to get a charger for this camera.	*Saya mau charger buat kamera ini.*
Can the charger be used in other countries?	*Apa charger ini bisa dipakai di luar negeri?*
Can the charger also be used in Australia?	*Apa charger ini bisa dipakai di Australia?*

Processing and prints

I'd like to have this printed, please.	*Saya mau cetak ini.*
I'd like three prints of each photo.	*Saya mau tiga buah untuk tiap foto.*
I'd like glossy prints.	*Saya mau foto mengkilap.*
I'd like matte prints.	*Saua mau foto yang mat.*
Please print them 6 x 9.	*Ukuran enam (6) kali sembilan (9).*
I'd like to order prints of these photos.	*Saya mau cetak foto-foto ini.*
I'd like to have this photo enlarged.	*Saya mau foto ini dibesarkan.*
How much are the prints?	*Berapa biaya cetak ini?*
When will they be ready?	*Kapan selesainya?*
Do you have a frame for this picture?	*Ada pigura untuk foto ini?*

10.5 At the hairdresser

Key Vocabulary

appointment *janji*	to perm *dikeriting*	to color *dicat*
to shampoo *cuci rambut*	color *warna*	short *pandek*
to cut hair *potong rambut*	to highlight *di-highlight*	long *panjang*

Do I have to make an appointment?	*Apa harus buat janji?*
Can I come in right now?	*Bisa sekarang?*
How long will I have to wait?	*Berapa lama harus menunggu?*
I'd like a shampoo.	*Saya mau cuci rambut.*
I'd like a haircut.	*Saya mau potong rambut.*
I'd like a shampoo for oily hair, please.	*Saya mau shampo untuk rambut berminyak.*
I'd like a shampoo for dry hair, please.	*Saya mau shampo untuk rambut kering.*
I'd like an anti-dandruff shampoo.	*Saya mau shampo anti ketombe.*
I'd like a shampoo for newly-permed hair.	*Saya mau shampo untuk rambut yang baru dikeriting.*
I'd like a color-rinse shampoo, please.	*Saya mau shampo untuk rambut berwarna.*
I'd like a shampoo with conditioner, please.	*Saya mau shampo dengan pelembap.*
I'd like highlights, please.	*Saya mau di-highlight/diwarnai.*
Do you have a color chart, please?	*Ada bagan warna?*

I'd like the same color.	*Saya mau warna yang sama.*
I'd like it darker.	*Saya mau warna yang lebih tua.*
I'd like it lighter.	*Saya mau warna yang lebih muda.*
I'd like hairspray.	*Saya mau pakai hairspray.*
I don't want hairspray.	*Saya tidak mau pakai hairspray.*
I'd like gel.	*Saya mau jel.*
I'd like lotion.	*Saya mau losion.*
I'd like a short fringe/bangs.	*Saya mau poni pendek*
Not too short at the back	*Jangan terlalu pendek di belakang*
Not too long	*Jangan terlalu panjang*
I'd like it curly.	*Saya mau dikeriting.*
I'd like it wavy.	*Saya mau dibuat berombak.*
I'd like it layered.	*Minta rambutnya ditrap.*
I'd like a completely different style.	*Saya mau model yang benar-benar lain.*
I'd like a completely different cut.	*Saya mau model yang potongan rambut yang lain.*
I'd like it the same as in this photo.	*Saya mau seperti yang di foto ini.*
I'd like it the same as his/hers.	*Saya mau seperti orang itu.*
Could you turn the drier up a bit?	*Bisa besarkan sedikit pengering rambutnya?*
Could you turn the drier down a bit?	*Bisa turunkan sedikit pengering rambutnya?*
I'd like a facial.	*Saya mau fesyel.*
I'd like a manicure.	*Saya mau manikur.*

I'd like a pedicure.	*Saya mau pedikur.*
I'd like a massage.	*Saya mau pijat.*
Could you trim my bangs, please?	*Bisa tolong rapikan poni/rambut bagian depan saya?*
Could you trim my beard, please?	*Bisa tolong rapikan janggut saya?*
Could you trim my moustache, please?	*Bisa tolong rapikan kumis saya?*
I'd like a shave, please.	*Saya mau dicukur.*
I'd like a wet shave, please.	*Saya mau cukuran basah.*

 Talking to the hairdresser

Mau dipotong seperti apa?	How do you want it cut?
Model apa yang diinginkan?	What style did you have in mind?
Warna apa yang diinginkan?	What color did you want it?
Ini tidak terlalu panas?	Is the temperature all right for you?
Mau bahan bacaan?	Would you like something to read?
Mau minum?	Would you like a drink?
Ini model yang diinginkan?	Is this what you had in mind?

11. Tourist Activities

11.1 Places of interest
11.2 Going out
11.3 Booking tickets

Government Tourism Offices (*Dinas Pariwisata*) are found throughout the country. The offices in major cities and tourist areas can be helpful, providing maps and plenty of information. Tourist office staff in smaller towns, however, often cannot communicate very well in English.

11.1 Places of interest

Many tourist attractions charge an entrance fee. They are generally open from 9 a.m. to 3 p.m, including weekends, though it is advisable to check opening hours before making a visit. Be sure to remove your shoes before entering a mosque or a temple, and wear long pants and shirt with a collar. To enter a Balinese temple, you need to wear a sash around your waist, and these can often be rented at the entrance.

Key Vocabulary

tourist	tour	ticket	place of interest
turis	*tur*	*tiket*	*obyek wisata*
guide	map	cost	here
pemandu wisata	*peta*	*biaya*	*di sini*

What is there?	*Ada apa?*
Where's the Tourist Information office?	*Di mana kantor informasi pariwisata?*
Do you have a city map?	*Apa ada peta kota?*
Where is the museum?	*Di mana museum?*

Where is the Borobudur temple?	*Dimana candi Borobudur?*
Where is the Balinese temple?	*Dimana pura?*
Where is the bird park?	*Dimana taman burung?*
Where is the art market?	*Dimana pasar seni?*
Where is the art shop?	*Dimana toko seni?*
Could you give me information about X?	*Minta informasi tentang X.*
How much is this?	*Berapa harganya?*
What are the places of interest here?	*Apa obyek wisatanya di sini?*
Could you point them out on the map?	*Tolong tunjukkan di peta.*
What do you recommend?	*Apa saran anda?*
We'll be here for a few hours.	*Kami disini selama beberapa jam.*
We'll be here for a day.	*Kami disini selama satu hari.*
We'll be here for a week.	*Kami disini selama satu minggu.*
We're interested in culture.	*Kami tertarik dengan kebudayaan.*
We're interested in shopping.	*Kami tertarik dengan shopping.*
Is there a good walk around here?	*Kalau mau jalan-jalan disini, sebaiknya lewat mana?*
How long does it take?	*Berapa lama?*
Where does it start?	*Dimana mulainya?*
Where does it end?	*Dimana berakhirnya?*
Are there any tours?	*Apa ada tur?*
Are there bus tours?	*Ada bus wisata?*
Where do we get on?	*Dimana naiknya?*

Is there a guide who speaks English?	*Ada pemandu wisata yang berbahasa Inggris?*
What tourist excursions can we take around the area?	*Perjalanan wisata apa yang ada di sekitar sini?*
How do we get there?	*Naik apa ke sana?*
How far is it from here?	*Berapa jauh dari sini?*
How long does it take?	*Berapa lana ke sana?*
How much does it cost?	*Biayanya berapa?*
We'd like to go to X.	*Kami mau pergi ke X.*
How long is this guided tour?	*Berapa lama tur ini?*
How long do we stay there?	*Berapa lama kita disana?*
How much free time do we have there?	*Berapa lama waktu bebas disana?*
We want to walk around.	*Kami ingin jalan-jalan.*
We want to go by foot.	*Kami ingin jalan kaki.*
Can we hire a guide?	*Bisa kami sewa pemandu wisata?*
What time does it open?	*Jam berapa buka?*
What time does it close?	*Jam berapa tutup?*
What days is it open?	*Hari apa saja buka?*
What days is it closed?	*Hari apa saja tutup?*
What's the admission ticket price?	*Berapa harga karcis masuknya?*
Is there a group discount?	*Ada potongan untuk rombongan?*
Is there a child discount?	*Ada potongan untuk anak-anak?*
Is there a discount for seniors?	*Ada potongan untuk pensiunan?*
Can I take (flash) photos?	*Boleh ambil foto (dengan blits)?*
Can I film here?	*Boleh syuting disini?*

Do you have postcards?	*Ada kartu pos?*
Do you have an English brochure?	*Ada brosur dalam bahasa Inggris?*
Do you have an English itinerary?	*Ada acara dalam bahasa Inggris?*

11.2 Going out

Information about traditional dances, theater and cultural performances is generally available from your hotel as well as from tour operators.

Key Vocabulary

performance	cinema	drink	schedule
pertunjukan	*bioskop*	*minuman*	*jadwal atau*
film	club	alcohol	*susunan acara*
film	*klub*	*alkohol*	
music	bar	non-alcohol	
musik	*bar*	*tidak beralkohol*	

Do you have an entertainment schedule?	*Ada jadwal pertunjukan?*
What's on tonight?	*Apa acaranya nanti malam?*
We want to go to X.	*Kami mau pergi ke X.*
What's playing at the cinema?	*Film apa yang main di bioskop?*
What sort of film is that?	*Jenis filmnya apa?*
suitable for all ages	*untuk semua umur*
suitable for adults	*untuk dewasa*
suitable for teenagers	*untuk remaja*
the original English version	*versi asli Bahasa Inggris*
It's subtitled.	*Ada teks terjemahannya.*
It's dubbed.	*Disulih suaranya.*

What's on?	*Apa acaranya?*
What performance is it?	*Pertunjukan apa?*
Is there a good club around here?	*Ada klub yang bagus di sini?*
What kind of music do they play?	*Mereka main musik apa?*
Is there a good bar around here?	*Apa bar yang bagus dekat sini?*
Is it Ladies' Night?	*Apakah ini Malam Wanita?*
What is your signature drink?	*Apa minuman yang khas?*
I can't drink alcohol.	*Saya tidak bisa minum alkohol.*
I'll have a Coke.	*Coke saja buat saya.*
I'll have a tequila.	*Saya mau tekila.*
I'll have a whisky on the rocks.	*Saya mau wiski dengan es batu.*
I'll have a whisky neat.	*Saya mau wiski yang tidak dicampur.*
Red wine, please.	*Minta anggur merah.*
White wine, please.	*Minta anggur putih.*
We want to see a **wayang kulit** performance.	*Kami mau lihat wayang kulit.*
We want to see a **Kecak** dance.	*Kami mau lihat tarian Kecak.*
We'd like to buy tickets.	*Kami mau beli tiket.*
We'd like to watch that concert.	*Kami mau ke konser itu.*
We'd like to see the Ramayana ballet.	*Kami mau lihat Sendratari Ramayana Ballet.*
We want to see a **Legong** dance.	*Kami mau lihat tarian Legong.*

We'd like to try a Balinese cooking class.	*Kami mau ikut kelas masakan Bali.*
Do we need to dress up?	*Kami harus berpakaian rapi?*
What time does the show start?	*Jam berapa pertunjukannya dimulai?*
When's the next soccer match?	*Kapan pertandingan sepak bola berikutnya?*
Who's playing?	*Siapa yang main?*

11.3 Booking tickets

Can we buy tickets here?	*Bisa beli karcis di sini?*
We'd like two seats.	*Kami ingin dua tempat duduk.*
We'd like a table for three.	*Kami ingin meja untuk tiga.*
We'd like to book front row seats for three.	*Kami ingin pesan tempat duduk di deretan depan untuk tiga.*
We'd like to book a table for three at the front.	*Kami ingin pesan meja untuk tiga di depan.*
We'd like two seats in the middle.	*Kami ingin pesan dua tempat duduk di tengah.*
We'd like a table in the middle.	*Kami ingin pesan meja di tengah.*
We'd like seats in the back.	*Kami ingin pesan tempat duduk di belakang.*
We'd like a table at the back.	*Kami ingin pesan meja di belakang.*
Could I reserve two seats for the eight o'clock performance?	*Bisa pesan dua tempat untuk for pertunjukan jam delapan?*
Are there any seats left for tonight?	*Apa masih ada tempat untuk malam ini?*
How much are the tickets?	*Berapa harga karcisnya?*
When can I get the tickets now?	*Karcisnya boleh dianbil sekarang?*

How much is the total cost? *Berapa untuk semuanya?*

I've got a reservation. *Saya punya reservasi.*

My name's... *Nama saya...*

At the performance

Pertunjukan yang mana direservasikan?	Which performance did you reserve for?
Di mana Anda ingin duduk?	Where would you like to sit?
Semua sudah terjual habis.	Everything's sold out.
Tinggal tempat duduk deretan depan.	We've only got front row seats left.
Tinggal tempat duduk bagian belakang.	We've only got seats left at the back.
Berapa tempat yang Anda perlu?	How many seats would you like?
Tolong lihat karcisnya?	Tickets, please.
Ini tempat duduk Anda.	This is your seat.
Anda salah tempat.	You are in the wrong seat.

12. Sports Activities

The most popular sports in Indonesia are badminton and football. A form of martial arts called *pencak silat* is practiced in many regions of Indonesia. Tourists can enjoy a variety of water sports in Indonesia, and Bali provides good facilities for snorkeling and scuba diving. Surfers also come from all parts of the world for the waves of Indonesia's Indian Ocean coastlines.

Key Vocabulary

sports *olah raga*	field, court *lapangan*	to windsurf *selancar angin*	martial arts *seni bela diri*
to play *main*	to jog *jogging*	windsurfing *selancar angin*	to dive *menyelam*
badminton *bulu tangkis*	to cycle *bersepeda*	to surf *berselancar*	to hike *mendaki*
soccer *sepakbola*	to swim *berenang*	to mountain climb *mendaki gunung*	to play golf *bermain golf*

12.1 Sports facilities

Where can we swim around here?	*Di mana bisa berenang di sekitar sini?*
Is there a soccer field nearby?	*Ada lapangan sepak bola di sekitar sini?*
Is there a badminton court here?	*Ada lapangan bulu tangkis di sini?*

Is there a golf course nearby?	*Ada lapangan golf di sekitar sini?*
What kind of sports do you like?	*Anda suka alah olahraga apa?*
I like to play soccer.	*Saya suka main sepakbola.*
I like to jog.	*Saya suka jogging.*
Is there a swimming pool around here?	*Ada kolam renang di sekitar sini?*
Is there a mooring place around here?	*Ada pelabuhan dl sekitar sini?*
Is there a dock here?	*Banyak karang di sekitar sini?*
How much per person?	*Berapa biaya per orang?*

12.2 At the beach

Key Vocabulary

sea	low tide	sail boat
laut	*laut surut*	*perahu byar*
beach	safe	current
pantai	*aman*	*arus*
high tide	lifeguard	waves
laut pasang	*pengawas*	*ombak*

How far is the beach?	*Berapa jauh ke pantai?*
Which way to the beach?	*Jalan ke pantai lewat mana?*
Are there any rocks here?	*Apa ada karang di sini?*
When's high tide?	*Kapan laut pasang?*
When's low tide?	*Kapan laut surut?*
Is the water cold?	*Airnya dingin?*

Is the water deep here?	*Airnya dalam di sini?*
Is it safe for children?	*Aman untuk anak?*
Are there any currents?	*Ada arus disini?*
What does that flag mean?	*Apa arti bendera itu?*
What does that sign mean?	*Apa arti tanda itu?*
Is there a lifeguard here?	*Apa ada pengawas di sini?*
Are there sea snakes?	*Apa banyak ular laut?*
Are they dangerous?	*Behaya atau tidak?*
Are there any sharks?	*Apa ada ikan hiu?*
Can I rent a sail boat?	*Bisa sewa perahu layar?*
Can I rent a surfboard?	*Bisa sewa papan selancar?*
Can I rent an umbrella?	*Bisa sewa payang?*
Can I rent a beach mat?	*Bisa sewa alas untuk duduk?*
Is fishing allowed here?	*Boleh memancing di sini?*
Can I rent fishing equipment?	*Bisa sewa peralatan memancing?*
Is there good diving here?	*Baik untuk menyelam disini?*
Are there big waves here?	*Ada ombak besar di sini?*
Is there a strong current?	*Apa arusnya deras?*

to fish	No swimming	Danger
memancing	*Dilarang berenang*	*Bahaya*
No fishing	No surfing	Permits only
Dilarang memancing	*Dilarang berselancar*	*Izin khusus*

12.3 Taking a lesson

Key Vocabulary

lesson	class	to take
pelajaran	*kelas*	*ambil*
to learn	group	
belajar	*grup*	

Can I take beginner lessons here?	*Bisa saya ambil pelajaran pemula di sini?*
Can I take intermediate lessons here?	*Bisa saya ambil pelajaran lanjutan di sini?*
How many people in the group?	*Berapa banyak orang dalam satu grup?*
What language is used?	*Bahasa apa yang digunakan?*
Are the...open?	*Apakah...sudah buka?*
What lessons do you have?	*Ada pelajaran apa saja?*
What time does it start?	*Jam berapa mulai?*
What time does it finish?	*Jam berapa selesai?*
How much does it cost?	*Berapa biayanya?*
Is that per person?	*Apa itu biaya untuk satu orang?*
Or per group?	*Atau untuk per grup?*

12.4 Renting equipment

See phrases from 12.1

Can I hire a...?	*Bisa saya menyewa sebuah...*
Can we hire a...?	*Bisa kami menyewa...*
Can I take golfing lessons?	*Bisakah saya belajar bermain golf?*

Can we take windsurfing lessons? *Bisakah kami belajar selancar angin?*

How much is that per hour? *Berapa biayanya per jam?*

How much is that per day? *Berapa biaya per harinya?*

13. Health Matters

Hospitals and medical clinics in the major cities of Indonesia are well equipped, and it is not difficult to find an English-speaking doctor. Clinics are generally open in the late afternoon and evening. As you move into more isolated areas, Western-style medical facilities become more scarce. Pharmacies (*apotek*) often will sell medications over the counter without prescription, and are easy to find in most towns and neighborhoods. It is advisable to take out a travel insurance policy that covers medical emergencies before visiting remote areas of Indonesia.

13.1 Calling a doctor

Key Vocabulary

doctor *dokter*	injured *luka*	painful *sakit*	pharmacy *apotek*
not feeling well *badan tidak enak*	to call *panggil*	fall down *jatuh*	emergency *darurat*
nearest *terdekat*	clinic *klinik*	to be sick *sakit*	
appointment *janji*	open *buka*	hospital *rumah sakit*	

Please call a doctor.	*Tolong panggil dokter.*
I need a doctor.	*Saya perlu dokter.*
What is the nearest clinic?	*Klinik terdekat di mana?*
When can the doctor come?	*Kapan dokternya bisa datang?*

What is the nearest hospital?	*Dimana rumah sakit terdekat?*
Could I make an appointment?	*Bisa buat janji?*
Do I need an appointment?	*Harus membuat janji?*
I've got an appointment at two o'clock.	*Saya punya janji jam dua.*
Which doctor is on duty now?	*Dokter mana yang buka sekarang?*
Which pharmacy is open?	*Apotek mana yang buka sekarang?*

13.2 What's wrong?

I don't feel well.	*Badan saya tidak enak.*
I'm ill.	*Saya sakit.*
I'm dizzy.	*Saya pusing.*
I feel nauseous.	*Saya merasa mual.*
I have stomachache.	*Saya sakit perut.*
I have diarrhea.	*Saya mencret.*
I have a headache.	*Saya sakit kepala.*
I've got a cold.	*Saya pilek.*
It hurts here.	*Sakit disini.*
I've just vomited.	*Tadi saya muntah.*
I feel...	*Saya merasa...*
I've got a fever.	*Saya demam.*
I'm running a temperature of...degrees	*Suhu badan saya sudah...derajat*
I've been...	*Saya sudah...*
I've been stung by a wasp.	*Saya disengat tawon.*
I've been stung by a mosquito.	*Saya digigit nyamuk.*

I've been bitten by a dog.	*Saya digigit anjing.*
I've been stung by a jellyfish.	*Saya tersengat ubur-ubur.*
I've been bitten by a snake.	*Saya digigit ular.*
I've cut myself.	*Saya terluka.*
I've burned myself.	*Saya terbakar.*
I've scraped myself.	*Saya lecet.*
I've had a fall.	*Saya jatuh.*
I've sprained my ankle.	*Kaki saya keseleo.*
I've sprained my wrist.	*Pergelangan tangan saya keseleo.*
I've hurt my shoulder.	*Bahu saya sakit.*
I've hurt my knee.	*Lutut saya sakit.*

13.3 The consultation

 In the examining room

Apa keluhannya?	What seems to be the problem?
Sudah berapa lama?	How long have you had this?
Anda pernah ada keluhan ini sebelumnya?	Have you had this problem before?
Apa merasa demam?	Do you have a fever?
Tolong buka bajunya.	Please take off your clothes.
Tolong, buka bajunya sampai pinggang.	Strip to the waist, please.
Anda bisa buka bajunya di sana.	You can undress in there.
Tolong gulung lengan kiri.	Roll up your left sleeve, please.
Tolong gulung lengan kanan.	Roll up your right sleeve, please.
Tolong baring di sini.	Lie down here, please.
Apa ini sakit?	Does this hurt?
Tarik nafas dalam-dalam.	Breathe deeply.
Buka mulutnya.	Open your mouth.

Patients' medical history

I'm a diabetic.	*Saya diabetes.*
I have a heart condition.	*Saya punya masalah jantung.*
I'm asthmatic.	*Saya asma.*
I'm allergic to…	*Saya alergi dengan…*
I'm allergic to penicillin.	*Saya alergi dengan penisilin.*
I'm allergic to amoxicillin.	*Saya alergi dengan amoksilin.*
I'm three months pregnant.	*Saya sedang hamil tiga bulan.*
I'm on a diet.	*Saya sedang diet.*
I'm on medication.	*Saya sedang minum obat.*
I've had a heart attack in the past.	*Saya pernah serangan jantung.*
I've had an operation… times.	*Saya pernah dioperasi…kali.*
I've been ill recently.	*Saya sakit belum lama ini/ baru-baru ini.*
I've got a stomach ulcer.	*Ada sakit maag.*
I've got my period.	*Saya sedang mens/datang bulan.*

 Past medical conditions

Apakah ada alergi?	Do you have any allergies?
Apakah sedang dalam pengobatan?	Are you on any medication?
Apakah sedang diet?	Are you on a diet?
Apakah anda hamil?	Are you pregnant?
Apa pernah disuntik tetanus?	Have you had a tetanus injection?

The doctor's diagnosis

Ini tidak mengkhawatirkan.	It's nothing serious.
...Anda *patah.*	Your...is broken
...Anda *keseleo.*	You've got a sprained...
...Anda *luka.*	You've got a torn...
Anda kena infeksi.	You've got an infection.
Anda kena radang.	You've got some inflammation.
Anda kena radang usus buntu.	You've got appendicitis.
Anda kena bronkitis.	You've got bronchitis
Anda kena penyakit menular.	You've got an infectious/ a contagious disease.
Anda kena flu.	You've got the flu.
Anda kena serangan jantung.	You've had a heart attack.
Anda kena infeksi bakteri.	You've got a bacterial infection.
Anda kena infeksi virus.	You've got a viral infection.
Anda kena paru-paru basah.	You've got pneumonia.
Anda kena radang lambung.	You've got gastritis/an ulcer.
Anda keseleo.	You've pulled a muscle.
Anda keputihan.	You've got thrush.
Anda keracunan makanan.	You've got food poisoning.
Anda kena sengatan matahari.	You've got sunstroke.
Anda alergi dengan...	You're allergic to...
Anda hamil.	You're pregnant.
Saya mau darah anda diperiksa.	I'd like to have your blood tested.
Saya mau air seni anda diperiksa.	I'd like to have your urine tested.
Saya mau kotoran anda diperiksa.	I'd like to have your stools tested.
Perlu jahitan.	It needs stitches.

Saya akan lanjutkan anda ke spesialis.	I'm referring you to a specialist.
Saya akan lanjutkan anda ke rumah sakit.	I'm sending you to the hospital.
Anda perlu dironsen.	You'll need some x-rays taken.
Bisa tunggu di kamar tunggu?	Could you wait in the waiting room, please?
Anda harus dioperasi.	You'll need an operation.

Is it contagious?	*Apa ini penyakit menular?*
How long do I have to stay in bed?	*Berapa lama saya harus istirahat di tempat tidur?*
How long do I have to stay in the hospital?	*Berapa lama saya harus dirawat di rumah sakit?*
Do I have to go on a special diet?	*Apa saya harus diet khusus?*
Can I make another appointment?	*Bisa saya buat janji lagi?*
Am I allowed to travel?	*Apa boleh melakukan perjalanan?*
When do I have to come back?	*Kapan harus kembali?*
I'll come back tomorrow.	*Saya akan kembali besok.*

 The next appointment

Kembali besok.	Come back tomorrow.
Kembali dalam waktu tiga hari.	Come back in three days' time.

13.4 Medications and prescriptions

Key Vocabulary

pills *tablet*	drops *tetes*	antibiotics *antibiotik*
medicine *obat*	injection *sutikan*	capsule *kapsul*
...times a day *...kali sehari*	pills *pil*	ointment *salep*
rub on *gosokkan*	every...hours *setiap...jam*	injections *suntikan*
don't drive *jangan mengemudi*	finish the prescription *sampai habis*	tablets *tablet*
dissolve in water *larutkan di air*	before meals *sebelum makan*	to swallow *telan*
take (medicine) *minum*	spoonful/teaspoonful *sendok/sendok teh*	drops *tetes*
external use only *obat luar*	for ... days *selama ... hari*	

How do I take this medicine? *Bagaimana cara minum obat ini?*

What is this for? *Ini untuk apa?*

What type of medicine is this? *Obat jenis apa ini?*

How many pills each time? *Berapa tablet setiap kali?*

How many drops each time? *Berapa tetes setiap kali?*

Do I need an injection? *Berapa suntikan setiap kali?*

How many teaspoons each time? *Berapa sendok obat setiap kali?*

How many capsules each time? *Berapa kapsul setiap kali?*

How many times a day? *Berapa kali sehari?*

Health Matters

13

I've forgotten to take my medication.	*Saya lupa minum obat.*
Normally I take…	*Biasanya saya minum...*
Could you write a prescription for me, please?	*Bisa tulis resep untuk saya?*

🖐 *The doctor's prescription*

Saya buatkan resep antibiotik.	I'm prescribing antibiotics.
Saya buatkan resep racikan.	I'm prescribing a mixture.
Saya resepkan obat penenang.	I'm prescribing a sedative.
Saya resepkan obat penahan sakit.	I'm prescribing a painkiller.
Istirahat yang cukup.	Have lots of rest.
Tetap di dalam rumah.	Stay indoors.
Tetap di tempat tidur.	Stay in bed.

13.5 At the dentist

Key Vocabulary

| tooth/teeth | dentist | painful | filling |
| *gigi* | *dokter gigi* | *sakit* | *tambalan gigi* |

I have a toothache.	*Saya sakit gigi.*
It is very painful.	*Sakit sekali.*
I cannot eat.	*Saya tidak bisa makan.*
Do you know a good dentist?	*Apa anda tahu dokter gigi yang baik?*
Could you make a dentist's appointment for me?	*Tolong buatkan janji dengan dokter gigi.*
It's urgent.	*Ini sangat mendesak.*
Can I come in today, please?	*Bisa datang hari ini?*

Could you give me a painkiller?	*Bisa beri saya obat penahan sakit?*
I've got a cracked tooth.	*Gigi saya retak.*
My filling's come out.	*Tambalan gigi saya lepas.*
I've got a broken crown.	*Kepala gigi saya rusak.*
I'd like a local anesthetic.	*Saya mau dibius lokal.*
I don't want a local anesthetic.	*Saya tidak mau dibius lokal.*
Could you do a temporary repair?	*Tolong lakukan penanganan sementara.*
I don't want to pull out the tooth.	*Saya tidak mau giginya dicabut.*
My denture is broken.	*Gigi palsu saya rusak.*
Can you fix it?	*Bisa Anda perbaiki?*

At the dentist's office

Gigi yang mana yang sakit?	Which tooth hurts?
Ada yang bengkak.	You've got an abscess.
Ada lubang.	You've got a cavity.
Saya harus lakukan 'root canal'.	I'll have to do a root canal.
Saya akan beri bius lokal.	I'm giving you a local anesthetic.
Gigi sebaiknya dicabut.	It's best to pull out this tooth.
Saya bisa tambal gigi ini.	I can fill this tooth.
Saya harus bor ini.	I'll need to drill it.
Tolong buka yang lebar.	Open wide, please.
Tolong tutup mulutnya.	Close your mouth, please.
Tolong kumur-kumur.	Rinse, please.
Masih sakit?	Does it hurt still?

14. Emergencies

Some common emergency phone numbers in Indonesia include:
Police 110, Fire Brigade 113, Ambulance 118.

14.1 Asking for help

Help!	*Tolong!*
Fire!	*Api!/Kebakaran!*
Police!	*Polisi!*
Quick/Hurry!	*Cepat!*
Danger!	*Bahaya!*
Watch out!	*Awas!*
Stop!	*Berhenti!*
Be careful!	*Hati-hati*
Don't come near me!	*Jangan dekati saya!*
Let go!	*Lepaskan!*
Stop burglar!	*Maling!*
Could you help me, please?	*Bisa Anda bantu saya?*
Where's the police station?	*Di mana kantor polisi?*
Where's the emergency exit?	*Di mana pintu darurat?*

Where's the emergency escape?	*Di mana tangga darurat?*
Where's the fire extinguisher?	*Di mana pemadam api?*
Where's the hospital?	*Di mana rumah sakit?*
Call the fire department!	*Panggil regu pemadam kebakaran!*
Call the police!	*Panggil polisi!*
Call an ambulance!	*Panggil ambulans!*
Please phone!	*Tolong telepon!*
Can I use your phone?	*Bisa pinjam teleponnya?*
What's the emergency number?	*Berapa nomor telepon darurat?*
What's the number for the police?	*Berapa nomor polisi?*

14.2 Lost items

Key Vocabulary

| to lose/be lost | lost and found | to leave | to report |
| *hilang* | *kantor barang hilang* | *tinggalkan* | *lapor* |

I've lost my wallet/purse.	*Dompet saya hilang.*
I lost my laptop.	*Laptop saya hilang.*
Where did you lose it?	*Hilang dimana?*
I left my camera here.	*Kamera saya ditinggalkan disini.*
Is my mobile phone here?	*Apa HP saya ada disini?*
I've lost my mobile phone.	*HP saya hilang.*
I've lost my purse.	*Tas saya hilang.*
It was right here.	*Tepat disini.*
It's very important.	*Sangat penting.*

Where's the lost and found?	*Dimana kantor barang hilang?*
I want to report my missing phone.	*Saya ingin melaporkan HP saya hilang.*
Please call me when you find it.	*Hubungi saya jika sudah ditemukan.*
Here's my mobile number.	*Ini nomor HP saya.*
Here's the address of my hotel.	*Ini alamat hotel saya.*

14.3 Accidents

Key Vocabulary

| accident | injured/hurt | serious |
| *kecelakaan* | *luka* | *serius* |

There's been an accident.	*Ada kecelakaan.*
There's a fire.	*Ada kebakaran.*
Someone's fallen in the water.	*Ada orang jatuh ke air.*
Is anyone hurt?	*Apa ada yang luka?*
Are you injured?	*Anda luka?*
Nobody is injured.	*Tidak ada yang luka.*
Someone has been injured.	*Ada yang luka.*
Is anything damaged?	*Ada yang rusak?*
Someone fainted.	*Ada yang pingsan.*
Do you know how to do CPR?	*Ada yang bisa pernafasan buatan?*
Someone's trapped inside the car.	*Ada orang terjebak di dalam mobil.*
Someone's trapped inside the train.	*Ada orang terjebak di dalam kereta api.*

It's not too serious.	*Tidak terlalu serius.*
Don't worry.	*Jangan khawatir.*
Please don't touch him/her/it.	*Tolong jangan disentuh.*
I want to report to the police first.	*Saya mau lapor ke polisi dulu.*
I want to take a photo first.	*Saya mau ambil foto dulu.*
Here's my name and address.	*Ini nama dan alamat saya.*
May I have your name and address?	*Boleh saya minta nama dan alamat anda?*
Could I see your identity card?	*Boleh saya lihat kartu identitas anda?*
Could I see your passport?	*Boleh saya lihat paspor anda?*
Could I see your insurance papers?	*Boleh saya lihat surat asuransi anda?*
Will you act as a witness?	*Maukah anda untuk menjadi saksi?*
I need this information for insurance purposes.	*Saya perlu keterangan ini untuk asuransi.*
Are you insured?	*Apa Anda punya asuransi?*
Could you sign here, please?	*Bisa tolong tandatangan di sini?*

 Theft

Although violent crime is rare in Indonesia, theft does occur, particularly in areas with a strong tourist presence. Always hold on tightly to bags and cameras especially when traveling on public transport. A money belt is a good idea. Police stations are located in towns and city centers throughout the country. If you are involved in an accident, you should report it at a police station immediately.

Key Vocabulary

to be robbed	stolen	thief
kecurian	*dicuri*	*pencuri*

I've been robbed.	*Saya kecurian.*
My wallet has been stolen.	*Dompet saya dicuri.*
My car's been broken into.	*Mobil saya dibobol pencuri.*
My mobile phone has been stolen.	*HP saya dicuri.*

14.5 Reporting a missing person

I've lost my child.	*Anak saya hilang.*
I've lost my grandmother.	*Nenek saya hilang.*
Could you help me find him/her?	*Bisa bantu saya carikan dia?*
Have you seen a small child?	*Apa Anda melihat seorang anak kecil?*
He's/she's four years old.	*Umurnya empat tahun.*
He's got short hair.	*Rambutnya pendek.*
She's got long hair.	*Rambutnya panjang.*
She's got blond hair.	*Rambutnya kuning.*
He's got brown hair.	*Rambutnya coklat.*
He's got red hair.	*Rambutnya merah.*
He's got black straight hair.	*Rambutnya lurus hitam.*
She's got frizzy hair.	*Rambutnya keriting.*
Her hair is in a ponytail.	*Rambutnya gaya ekor kuda.*
Her hair is in braids.	*Rambutnya dikepang.*
Her hair is in a bun.	*Rambutnya bersanggul.*
He's got blue eyes.	*Matanya biru.*

She's got brown eyes.	*Matanya coklat.*
He's got green eyes.	*Matanya hijau.*
He's wearing swim trunks.	*Dia pakai baju renang.*
He's wearing blue shorts.	*Dia pakai celana pendek.*
He's wearing black pants and a red shirt.	*Dia pakai celana hitam dan baju merah.*
She's wearing sneakers.	*Dia pakai sepatu olah raga.*
She's wearing glasses.	*Dia pakai kacamata.*
He's not wearing glasses.	*Dia tidak pakai kacamata.*
She's wearing sunglasses.	*Dia pakai kacamata hitam.*
She's carrying a bag.	*Dia bawa tas.*
He's not carrying a bag.	*Dia tidak bawa tas.*
He is tall.	*Dia tinggi.*
She is short.	*Dia pendek.*
This is a photo of him/her.	*Ini fotonya.*
He/she must be lost.	*Dia pasti tersesat.*

14.6 At the police station

An arrest

 Talking to a policeman

Tolong surat-surat (mobil) anda.	Your (vehicle) documents, please.
Anda melampaui batas kecepatan.	You were speeding.
Anda tidak boleh parkir di sini.	You're not allowed to park here.
Lampu anda mati.	Your lights aren't working.
Ada denda.	There is a fine.
Apa anda mau bayar sekarang?	Do you want to pay now?
Anda harus bayar sekarang.	You'll have to pay now.

I don't speak Indonesian.	*Saya tidak bisa bahasa Indonesia.*
I didn't see the sign.	*Saya tidak lihat rambunya.*
I don't understand.	*Saya tidak mengerti.*
I was not driving fast.	*Saya tidak ngebut dengan cepat.*
I'll have my car checked.	*Saya akan periksa mobilnya.*
I was blinded by oncoming lights.	*Saya silau melihat lampu mobil lain.*

Making a police report

Dimana kejadiannya?	Where did it happen?
Apa yang hilang?	What's missing?
Apa yang diambil?	What's been taken?
Bisa saya lihat (kartu) identitas anda?	Could I see your ID (card)?
Paspornya.	Your passport, please.
Kapan kejadiannya?	What time did it happen?
Ada saksi?	Are there any witnesses?
Tolong tandatangan disini.	Sign here, please.
Apa anda mau penerjemah?	Do you want an interpreter?

At the police station

I want to report a collision.	*Saya ingin melaporkan kecelakaan.*
I want to report a missing person.	*Saya ingin melaporkan orang hilang.*
I want to report a missing wallet.	*Saya ingin melaporkan dompet yang hilang.*
I want to report a theft.	*Saya ingin melaporkan pencurian.*
I want to report a missing passport.	*Saya ingin melaporkan paspor yang hilang.*
I want to report a rape.	*Saya ingin melaporkan pemerkosaan.*
I've been attacked.	*Saya diserang.*

I've been robbed.	*Saya dirampok.*
My apartment has been broken into.	*Apartemen saya dirampok.*
My purse has been snatched.	*Dompet saya dijambret.*
My bag has been stolen.	*Tas saya dicuri.*
I've been cheated.	*Saya ditipu.*
Could you make a statement, please?	*Tolong buat pernyataan polisi*
I've lost everything.	*Semuanya hilang.*
I've no money left.	*Tidak ada uang tersisa.*
I'm desperate.	*Saya putus asa.*
Please help me.	*Tolong bantu saya.*
Could you please lend me a little money?	*Tolong pinjami saya sedikit uang.*
I'd like an interpreter.	*Saya mau penerjemah.*
I'm innocent.	*Saya tidak bersalah.*
I don't know anything about it.	*Saya tidak tahu apa-apa.*
I want to speak to someone from the American embassy.	*Saya mau bicara dengan orang dari kedutaan Amerika.*
I want to speak to someone from the Australian embassy.	*Saya mau bicara dengan orang dari kedutaan Australia.*
I want to speak to someone from the UK embassy.	*Saya mau bicara dengan orang dari kedutaan Inggris.*

I want to speak to someone from the Canadian embassy.

Saya mau bicara dengan orang dari kedutaan Kanada.

I want to speak to someone from the Singapore embassy.

Saya mau bicara dengan orang dari kedutaan Singapura.

I want to speak to someone from the New Zealand embassy.

Saya mau bicara dengan orang dari kedutaan Selandia Baru.

I want a lawyer who speaks English.

Saya mau pengacara yang bisa berbahasa Inggris.

15. English-Indonesian Dictionary

● **The following dictionary** is meant to supplement the vocabulary lists in the chapters in this book. Some English words have more than one equivalent in Indonesian, and their use depends on the situation.

A

able to *bisa*

about *mengenai, tentang*

above *di atas*

abroad *di luar negeri*

abundant *banyak*

accelerator *pedal gas*

accent *logat*

accident *kecelakaan*

accurate *teliti*

adaptor *adaptor*

address *alamat*

administration *administrasi*

admission *biaya masuk*

admission price *harga masuk*

adult *(orang) dewasa*

advice *nasihat*

after *sesudah*

afternoon *sore*

aftershave *losion cukur*

again *lagi*

against *lawan, melawan*

age *umur*

agree *setuju*

AIDS *penyakit AIDS*

air *udara*

air conditioning *AC*

air mattress *kasur udara*

airmail *pos udara*

airplane *pesawat (terbang)*

airport *bandar udara, bandara*

alarm *alarm*

alarm clock *weker*

alcohol *alkohol*

all *semua*

all day *sepanjang hari*

all the time *sepanjang waktu*

allergy *alergi*

all over *seluruh*

almost *hampir*

alone *sendirian*

already *sudah*

also *juga*

altogether *semuanya*

always *selalu*

ambulance *ambulans*

America *Amerika*

American (person) *orang Amerika*

amount *jumlah*

amusement park *taman hiburan*

and *dan*

anesthetic *obat bius*

angry *marah*

animal *binatang*
ankle *pergelangan kaki*
announcement *pengumuman*
annual *tahunan*
answer *jawaban*
ant *semut*
antibiotics *antibiotik*
antique *antik*
antiques *barang antik*
antiseptic *antiseptik*
anus *dubur*
apartment *apartemen*
apologies *permintaan maaf*
appetite *nafsu makan*
apple *apel*
apple juice *jus apel*
appointment *janji*
approximately *kira-kira*
April *bulan April*
architecture *arsitektur*
area *wilayah*
area code *kode wilayah*
arm *lengan*
around *sekitar*
arrange *atur*
arrive *tiba, sampai*
arrow *panah*
art *seni*
art gallery *galeri seni*
artery *urat nadi*
article *barang*
artificial respiration *pernafasan buatan*
artist *pelukis*
ascend *naik*
ashtray *asbak*

ask *tanya*
ask about *menanyakan*
ask for *minta*
aspirin *aspirin*
assault *serangan*
assorted *campuran*
at home *di rumah*
at night *pada malam hari*
at the back *di belakang*
at the front *di depan*
at the latest *paling lambat*
August *bulan Agustus*
Australia *Australia*
Australian (person) *orang Australia*
automatic *otomatis*
autumn *musim gugur*
awaken *bangun*
awning *tenda/terpal*

B

baby *bayi*
baby food *makanan bayi*
babysitter *pengasuh anak*
back (part of body) *punggung*
back (rear) *belakang*
backpack *tas ransel*
backpacker *backpacker*
backup light *lampu tambahan*
bad (rotting) *busuk*
bad (terrible) *jelek*
bag *tas*
baggage *bagasi*
bakery *toko roti*
balcony *balkon*
bald *botak*

ball *bola*
ballpoint pen *balpen*
banana *pisang*
bandage *perban*
bandaids *plester*
bangs *poni*
bank (finance) *bank*
bank (river) *tepi sungei*
bar *bar*
barbecued *panggang*
bargain *tawar-menawar*
basketball *(bola) basket*
bathe *mandi*
bathtub *bak mandi*
bath towel *handuk*
bathmat *keset kamar mandi*
bathrobe *mantel mandi*
bathroom *kamar mandi*
battery *baterai*
battery (car) *aki*
beach *pantai*
beans *kacang*
beautiful *indah*
because *karena*
bed *tempat tidur*
bedding *perlengkapan tidur*
bee *tawon*
beef *daging sapi*
beer *bir*
before *sebelum*
begin *mulai*
beginner *pemula*
behind *belakang*
believe *percaya*
belt *sabuk*
beneath *bawah*

beside *samping*
beside *sebelah*
best *terbaik*
better *lebih baik*
between *antara*
bicycle *sepeda*
big *besar*
biggest *terbesar*
bikini *bikini*
bill *bon*
billiards *bilyar*
bird *burung* (also slang for penis)
birthday *hari ulang tahun*
biscuit *biskuit*
bite *gigit*
bitter *pahit*
black *hitam*
black and white *hitam putih*
black eye *mata bengkak*
bland (taste) *tawar*
blanket *selimut*
bleach *pemutih*
bleeding *berdarah*
blind (can't see) *buta*
blind (on window) *krei*
blister *lecet*
blond *pirang*
blood *darah*
blood pressure *tekanan darah*
bloody nose, nosebleed *mimisan*
blouse *blus*
blue *biru*
boat *perahu*
body *badan*
boiled *rebus*

bone *tulang*

book *buku*

booked, reserved *dipesan, dibuking*

booking office *kantor pemesanan tiket, karcis*

bookshop *toko buku*

border *batas*

bored *bosan*

boring *membosankan*

born *lahir*

borrow *pinjam*

botanic gardens *kebun raya*

both *keduanya*

bottle (baby's) *botol bayi*

bottle (wine) *botol (anggur)*

bottle-warmer *pemanas botol bayi*

box *kotak*

box office *loket*

boy *anak laki-laki*

boyfriend (or girlfriend) *pacar*

bra *beha*

bracelet *gelang*

brain *otak*

brake *rem*

brake oil *minyak rem*

brave *berani*

bread *roti*

break *rusak*

break off, break up *putus*

breakfast *sarapan*

breast *payudara*

breast milk *air susu ibu*

breathe *nafas*

bribe *sogok*

bridge *jembatan*

briefcase *tas*

briefs (underwear) *celana dalam*

bright *terang*

bring *bawa, membawa*

British (person) (*orang*) *Inggris*

brochure *brosur*

broken *rusak*

bronze *perunggu*

broth *kaldu*

brother *saudara laki-laki*

brown *cokelat*

bruise *luka memar*

brush *sikat*

bucket *ember*

Buddhism *agama Budha*

Buddhist *orang Budhis*

buffet *prasmanan*

bugs *kutu*

building *gedung*

bumper *bemper*

bun *roti manis*

burglary *pencurian*

burn (injury) *luka bakar*

burn (v.) *bakar*

burnt *terbakar*

bus *bus*

bus station *terminal (bus)*

bus stop *halte bus*

business card *kartu nama*

business class *kelas bisnis*

business trip *perjalanan bisnis*

busy (schedule) *sibuk*

busy (place) *ramai*

but *tetapi, tapi*

butane *gas butan*
butcher *tukang daging*
butter *mentega*
button *kancing*
buy *beli*
by airmail *pos udara*
by phone *lewat telepon*

c

cabbage *kubis*
cabin *kabin*
cake *kue*
call (phonecall) *telepon*
call (to phone) *menelepon*
called *dipanggil*
calm *tenang*
camera *kamera*
camping *berkemah*
can (permission) *boleh*
can (possible) *bisa*
can (container) *kaleng*
can opener *pembuka kaleng*
Canada *Kanada*
Canadian (person) *orang Kanada*
cancel *batal*
cancer *kanker*
candidate *calon*
candle *lilin*
candy *permen*
capsules *kapsul*
car *mobil*
car documents *surat-surat mobil*
car seat (child's) *kursi mobil untuk anak*
car trouble *gangguan mobil*

cardigan *baju hangat, switer*
care *perhatian*
carpet *karpet*
carriage (horse) *kereta kuda*
carrot *wortel*
carry *bawa*
cartridge *kartrid*
cash *uang tunai*
cash card *kartu ATM*
cash machine *mesin ATM*
cashier *kasir*
cassette *kaset*
cat *kucing*
catalogue *katalog*
cathedral *katedral*
Catholic *Katholik*
cauliflower *kembang kol*
cause *sebab*
cave *gua*
celebrate *merayakan*
cemetery *kuburan*
center (middle) *tengah*
center (of city) *pusat (kota)*
centimeter *sentimeter*
central locking *pengunci sentral*
century *abad*
certain *yakin*
certainly *betul*
certificate *sertifikat*
chair *kursi*
chambermaid *pelayan kamar*
champagne *sampanye*
change (money) *tukar uang*
change (trains) *ganti*
change the baby's diaper *ganti popok bayi*

change the oil *ganti oli*

change, swap *tukar*

chaos, disorder *kacau*

charter flight *penerbangan carteran*

chat *mengobrol*

cheap *murah*

check (verb) *periksa, cek*

check in *lapor*

check out *keluar*

check, bill *bon*

checked luggage *bagasi*

cheese *keju*

chef *koki*

chess *catur*

chewing gum *permen karet*

chicken *ayam*

child *anak*

child's seat (in car) *kursi mobil untuk anak*

chilled *dingin*

chin *dagu*

chocolate *cokelat*

choose *memilih*

chopsticks *sumpit*

Christian *Kristen*

Christianity *agama Kristen*

Christmas *Natal*

church *gereja*

church service *kebaktian gereja*

cigar *cerutu*

cigarette *rokok*

cinema *bioskop*

circle *lingkaran*

circus *sirkus*

citizen *warganegara*

city *kota*

clean *bersih*

clean (v.) *membersihkan*

clear *jelas*

clearance sale *obral*

cliff *tebing*

climb *mendaki*

clock *jam*

close, near *dekat*

close (v.) *tutup*

closed *tutup*

closed off (road) *tertutup*

closest *terdekat*

closet *lemari*

cloth *kain*

clothes *pakaian*

clothes dryer *mesin pengering baju*

clothes hanger *gantungan*

clothing *pakaian*

clown *badut*

clutch (car) *kopling*

coat (jacket) *jaket*

coat (overcoat) *jas, mantel*

cockroach *kecoa*

cocoa *coklat*

coconut *kelapa*

coffee *kopi*

cold (not hot) *dingin*

cold (flu) *pilek*

collar *kerah*

collarbone *tulang selangka*

colleague *rekan*

collision *tabrakan*

cologne *minyak wangi*

color *warna*

colored *berwarna*

comb *sisir*

come *datang*

come back *kembali*

comfortable *nyaman*

compartment *kompartemen*

complain *mengeluh*

complaint *keluhan*

completely *sama sekali*

compliment *pujian*

computer *komputer*

concert *konser*

concussion *gegar otak*

condensed milk *susu kaleng*

condom *kondom*

confidence *percaya diri*

confirm *konfirmasi*

congested *macet*

Congratulations! *Selamat!*

connection (transport) *sambungan*

constipation *sembelit*

consulate *konsulat*

consultation (by doctor) *konsultasi dokter*

contact lens *lensa kontak*

contagious *menular*

contraceptive *alat KB*

contraceptive pill *pil KB*

convenience store *toko minimart*

cook (person) *koki*

cook (v.) *masak*

cookie *coo kue*

copper *tembaga*

copy *kopi*

corkscrew *alat pembuka sumbat botol*

corn *jagung*

corner *sudut*

cornflour *tepung maizena*

correct *benar*

correspond (write letters) *surat-menyurat*

corridor *koridor*

corruption *korupsi*

cosmetics *kosmetik*

costume *pakaian*

cot *tempat tidur anak*

cotton *katun*

cotton wool *kapas*

cough *batuk*

cough syrup *obat batuk*

count (v) *hitung*

counter *loket*

country (nation) *negara*

country code *kode negara*

countryside *pedesaan*

course of treatment *pengobatan*

cousin *sepupu*

cow *sapi*

crab *kepiting*

cracker *kue kering*

crankcase *rumah mesin*

crank shaft *tangkai engkol*

crash *tabrak*

crazy *gila*

cream *krim*

credit card *kartu kredit*

crime *kejahatan*

crockery *barang tembikar*

crocodile *buaya*

cross (v.) *menyeberang*
crossroads *perempatan*
crutch *tongkat penyangga*
cry *menangis*
cubic meter *meter kubik*
cucumber *ketimun*
cuddly toy *boneka*
cuff *manset*
culture *budaya*
cup *cangkir*
curly *keriting*
current (electric) *aliran listrik*
curtains *korden*
cushion *bantal*
custom *adat*
customs *bea cukai*
cut (injury) *luka*
cut (v.) *potong*
cutlery *alat makan*
cycling *bersepeda*
cylinder *silinder*

D

daily *harian*
dairy products *produk susu*
damage *kerusakan*
damaged *rusak*
dance *tari*
dandruff *ketombe*
danger *bahaya*
dangerous *berbahaya*
dark *gelap*
date *tanggal*
date of birth *tanggal lahir*
daughter *anak perempuan*
dawn *dini hari*

day *hari*
day after tomorrow *lusa*
day before yesterday *kemarin dulu*
dead *mati*
deaf *tuli*
decaffeinated *non kafein*
December *Desember*
declare (customs) *deklarasi*
deep *dalam*
deep-sea diving *penyelaman di laut dalam*
defecate *buang air besar*
degrees *derajat*
delay *tunda*
delicious *enak, sedap*
dentist *dokter gigi*
dentures *gigi palsu*
deodorant *deodoran*
depart *berangkat*
department store *toserba*
departure *keberangkatan*
departure time *jam keberangkatan*
depilatory cream *krim penghilang bulu*
deposit (downpayment) *uang muka*
deposit (for safekeeping) *menitip*
deposit (v.) *menyetor*
descend *turun*
desert *gurun*
dessert *pencuci mulut*
destination *tujuan*
detergent *sabun cuci*
develop (photo) *cuci cetak foto*

diabetes *diabetes, kencing manis*

diamond *berlian*

diaper *popok*

diarrhea *diare*

dictionary *kamus*

die *meninggal*

diesel fuel *solar*

diet *diet*

different *beda*

difficult *susah, sulit*

dine *makan*

dining car *kereta makan*

dining room *ruang makan*

dinner *makan malam*

dipstick *tongkat ukur*

direct *langsung*

direct flight *penerbangan langsung*

direct, straight *lurus*

direction *arah*

directly *langsung*

dirty *kotor*

disabled *cacat*

disco *diskotik*

discount *diskon*

dish *piring*

dish of the day *menu spesial hari ini*

disinfectant *obat disinfektan*

disposable *sekali pakai*

distance *jarak*

distilled water *air suling*

disturb *ganggu*

disturbance *gangguan*

dive, diving *selam*

diving board *papan loncat*

diving gear *peralatan selam*

divorced *cerai*

dizzy *pusing*

do *melakukan*

do not disturb *jangan diganggu*

doctor *dokter*

dog *anjing*

doll *boneka*

dolphin *lumba-lumba*

domestic *domestik, dalam negeri*

Don't! (imperative) *Jangan!*

done (cooked) *matang*

door *pintu*

double *dobel*

doubt *ragu-ragu*

down *ke bawah*

drapes *korden*

draught *angin*

dream *mimpi*

dress *rok*

dressing gown *kimono, baju rumah*

dressing table *meja rias*

drink (alcoholic) *minuman keras*

drink (refreshment) *minuman*

drink (v.) *minum*

drinking water *air minum*

drive *mengemudi*

driver *supir*

driver's license *SIM (surat izin mengemudi)*

drugs (illegal) *narkoba*

drugstore *apotik*

drunk *mabuk*

dry *kering*

dry (v.) *jemur*
dry (not wet) *kering*
dry-clean *cuci di binatu*
duck *bebek*
dumb (speechless) *bisu*
dummy (for baby) *empeng*
during *selama*
during the day *siang hari*
duty (tax) *pajak*
duty-free *bebas pajak*
duty-free goods *barang bebas pajak*
duty-free shop *toko bebas pajak*

E

each *setiap*
eat *kuping*
ear drops *obat tetes telinga*
earache *sakit telinga*
earlier, previously *tadi*
early *awal, pagi hari, dini hari*
earrings *anting-anting*
earth (planet) *bumi*
earth (dirt) *tanah*
earthenware *tembikar*
earthquake *gempa bumi*
east *timur*
easy *mudah, gampang*
eat *makan*
economical *hemat*
economy class *kelas ekonomi*
eczema *eksim*
education *pendidikan*
eel *belut*
egg *telur*
eggplant *terong*

egotistical, self-centered *egois*
electric *listrik*
electricity *listrik*
electronic *elektronik*
elephant *gajah*
elevator *lift*
email *imel*
embassy *kedutaan besar, kedubes*
embroidery *sulaman*
emergency brake *rem darurat*
emergency exit *pintu darurat*
emergency phone *telepon darurat*
emery board *kikir*
empty *kosong*
end *akhir*
engaged (on the phone) *sibuk*
engaged (to be married) *bertunangan*
engine block *blok mesin*
England *Inggris*
English (language) *bahasa Inggris*
enjoy *menikmati*
enough *cukup*
enquire *tanya*
enter *masuk*
envelope *amplop*
erupt *meletus*
escalator *eskalator, tangga berjalan*
essential *perlu*
evening *malam*
evening wear *busana malam*
event *peristiwa*
every *setiap*

every day *setiap hari*
everyone *semua orang*
everything *semuanya*
everywhere *di mana-mana*
evidence *bukti*
exactly *persis*
examine *periksa*
example *contoh*
excavation *penggalian*
excellent *baik sekali, bagus sekali*
except *selain*
exchange *tukar*
exchange office *kantor penukaran uang*
excursion *perjalanan*
excuse, reason *alasan*
exhibition *pameran*
exit *keluar*
expenses *pengeluaran*
expensive *mahal*
expert *ahli*
explain *menjelaskan*
explosion *ledakan, letusan*
express *kilat, ekspres*
external *luar*
extraordinary *luar biasa*
eye *mata*
eye drops *obat tetes mata*
eye specialist *dokter spesialis mata*

F

fabric *kain*
face *muka*
factory *pabrik*

fail *gagal*
faint (v.) *pingsan*
fall (v.) *jatuh*
false *palsu*
family *keluarga*
famous *terkenal*
fan *kipas*
far away *jauh*
fare *ongkos*
farm *pertanian*
farmer *petani*
fashion, style *gaya*
fast *cepat*
fat *gemuk*
father *bapak, ayah*
father-in-law *bapak mertua*
fault *kesalahan*
February *bulan Februari*
feel *rasa*
feel like *ingin, mau*
fence *pagar*
ferry *kapal feri*
fever *demam*
fiancé, fiancée *tunangan*
fill *isi*
fill out (form) *mengisi*
filling (dental) *tambal*
film (cinema) *filem*
film (photo) *filem*
filter *saringan*
filter cigarette *rokok filter*
final *terakhir*
fine (detailed) *halus*
fine (good) *bermutu*
fine (money) *denda*
finger *jari tangan*

finished, completed *selesai*

fire *api*

fire alarm *tanda kebakaran*

fire department *dinas pemadam kebakaran*

fire escape *tangga darurat*

fire extinguisher *alat pemadam api*

first *pertama*

first aid *pertolongan pertama*

first class *kelas satu*

fish *ikan*

fish (v.) *memancing*

fishing rod *pancingan ikan*

fitness club *tempat fitnes, pusat kebugaran*

fitness training *latihan fitnes*

fitting room *kamar pas*

fix (puncture) *tambal*

fix (v.) *betulkan*

flag *bendera*

flash (camera) *blits*

flashlight *lampu senter*

flatulence *perlut kembung*

flavor *rasa*

flea *kutu*

flea market *pasar loak*

flee *kabur*

flight *penerbangan*

flight number *nomor penerbangan*

flood *banjir*

floor *lantai*

flour *terigu tepung*

flower *bunga*

flu *pilek*

fluent *lancar*

flush *siram*

fly (insect) *lalat*

fly (v.) *terbang*

fog *kabut*

fog lamp *lampu kabut*

foggy *berkabut*

folklore *dongeng*

follow *ikut, mengikuti*

food (cuisine) *masakan*

food (in general) *makanan*

food poisoning *keracunan makanan*

food stall *warung*

foot *kaki*

foot brake *rem kaki*

football *sepakbola*

for *untuk*

forbid *larang, melarang*

forbidden *terlarang*

forehead *dahi*

foreign *asing*

foreigner *orang asing*

forest *hutan*

forever *selamanya*

forget *lupa*

fork *garpu*

fork, a *garpu sendok*

form *bentuk*

formal dress *pakaian resmi*

forward (letter) *meneruskan*

fountain *air mancur*

frame *bingkai*

France *Perancis*

free (no charge) *gratis*

free (unoccupied) *kosong*

free time *waktu bebas*
freeze *beku*
french fries *kentang goreng*
fresh *segar*
Friday *Jumat*
fried *goreng*
friend *teman, kawan*
friendly *ramah*
frightened *takut, ketakutan*
fringe (hair) *poni*
frog *kodok*
from *dari*
front *depan*
frozen *beku*
fruit *buah*
fruit juice *sari buah, jus*
frustrated *frustrasi*
fry *goreng*
frying pan *penggorengan, wajan*
fuel pump *pompa bensin*
full *penuh*
full (after eating) *kenyang*
fun *asyik*
funeral *pemakaman, penguburan*
funny, cute *lucu*
future *masa depan*

G

gallery *galeri*
game *permainan*
garage (car repair) *bengkel*
garage (parking) *garasi*
garbage *sampah*
garden *taman*
garlic *bawang putih*

garment *pakaian*
gas (for heating) *gas*
gas station *pompa bensin*
gasoline *bensin*
gastritis *sakit perut*
gate *gerbang*
gear (car) *gigi, persneling*
gear shift *roda persneling*
gem *permata*
gender *jenis kelamin*
Germany *Jerman*
get *dapat*
get off (vehicle) *turun*
get on (vehicle) *naik*
get up *bangun*
ghost *hantu*
gift *hadiah*
ginger *jahe*
girl *gadis*
girlfriend *pacar*
give *beri, kasih*
given name *nama depan*
glass (for drinking) *gelas*
glass (material) *kaca*
glasses *kacamata*
gliding *paralayang*
glossy *mengkilap*
glue *lem*
go *pergi*
go back *kembali*
go down *turun*
go home *pulang*
go up *haik*
goat *kambing*
god *tuhan*
gold *emas*

golf *golf*

golf course *lapangan golf*

good *bagus*

good afternoon *selamat siang*

good evening *selamat malam*

good morning *selamat pagi*

good night *selamat malam*

goodbye (to the person leaving) *selamat jalan*

goodbye (to the person remaining) *selamat tinggal*

goods, baggage *barang*

goose *angsa*

gram *gram*

grandchild *cucu*

granddaughter *cucu yang perempuan*

grandfather *kakek*

grandmother *nenek*

grandson *cucu yang laki-laki*

grape juice *jus anggur*

grapes *buah anggur*

grave (burial) *makam*

grave (serious) *serius*

gray *abu-abu*

gray-haired *beruban*

graze (injury) *luka lecet*

greasy *berminyak*

Great Britain *Inggris*

green *hijau*

greengrocer *penjual sayur*

greeting *ucapan selamat*

gridlock *macet total*

grilled *bakar*

grind *giling*

grocer *toko makanan*

ground up *digiling*

group *kelompok*

guarantee *garansi*

guess *taksir*

guest *tamu*

guesthouse *losmen, pondokan*

guide (book) *buku pedoman wisata*

guide (person) *pemandu wisata*

guided tour *tur dengan pemandu*

guilty *bersalah*

gun *senjata*

gym *tempat fitnes*

gynecologist *dokter kebidanan, ginekolog*

H

hair *rambut*

hairbrush *sikat rambut*

haircut *potong rambut*

hairdresser *salon*

hairdryer *pengering rambut*

hairspray *semprotan rambut*

hairstyle *gaya rambut, model rambut*

half *setengah*

half empty *setengah kosong*

half full *setengah penuh*

hammer *palu*

hand *tangan*

hand brake *rem tangan*

hand luggage *bagasi kabin*

hand towel *handuk kecil*

handbag *tas tangan*

handkerchief *sapu tangan*

handmade *buatan tangan*

handsome *tampan, rupawan*
happy *senang*
harbor *pelabuhan*
hard (difficult) *sulit*
hard (firm) *keras*
hardware store *toko alat besi*
hat *topi*
hate *benci*
have *punya*
haze *kabut*
he/she *dia*
head *kepala*
headache *sakit kepala*
headlights *lampu depan mobil*
healthy *sehat*
hear *dengar*
hearing aid *alat bantu dengar*
heart *jantung*
heart attack *serangan jantung*
heat *panas*
heavy *berat*
heel (of foot) *tumit*
heel (of shoe) *hak sepatu*
hell *neraka*
hello *halo*
help *tolong, bantu*
helping (of food) *porsi*
hem *kelim*
herbal tea *teh herbalt*
herbs *rempah-rempah, bumbu*
here *sini*
high *tinggi*
high blood pressure *tekanan darah tinggi*
high chair *kursi anak*
high tide *pasang*

highway *jalan raya*
hiking *gerak jalan*
hiking boots *sepatu hiking*
hill *bukit*
Hindu *orang Hindu*
Hinduism *agama Hindu*
hip *pinggul*
hire *sewa*
history *sejarah*
hitchhike *menumpang*
hobby *hobi*
holdup (robbery) *perampokan*
hole *lubang*
holiday (festival) *hari raya*
holiday (public) *hari libur*
holiday (vacation) *liburan*
homesick *rindu kampung*
honest *jujur*
honey *madu*
honeymoon *bulan madu*
hope (v.) *harap*
horizontal, flat *datar, horisontal*
horrible *menakutkan*
horse *kuda*
hospital *rumah sakit*
hospitality *keramahan*
hot (spicy) *pedas*
hot (warm) *panas*
hot spring *sumber air panas*
hot-water bottle *botol karet*
hotel *hotel*
hour *jam*
house *rumah*
house of parliament *gedung DPR*
how far? *berapa jauh?*
how long? *berapa lama?*

how many? *berapa banyak?*
how much? *berapa harganya?*
how? *bagaimana?*
however *namun*
hug *peluk*
humid *lembab*
hundred *seratus*
hundred grams *seratus gram*
hungry *lapar*
hunt (v.) *buru*
hurry *buru-buru*
husband *suami*
hut *pondok*

I

I *saya, aku*
ice cream *es krim*
ice cubes *es batu*
iced *pakai es*
idea *ide*
identification card *kartu identitas*
identify *kenal*
if *kalau*
ignition *pengapian*
ignition key *kunci kontak*
ill *sakit*
illness *penyakit*
imagine *bayangkan*
immediately *segera*
immigration *imigrasi*
import duty *bea masuk*
important *penting*
impossible *tidak mungkin*
improve (advance) *maju*
improve (recover from illness)
  sembuh

in *dalam, di*
in the evening *pada malam hari*
in the morning *pada pagi hari*
in-laws *mertua, ipar*
included *termasuk*
including *termasuk*
indicate *menunjukkan*
indicator (car) *lampu sein*
indigestion *gangguan perut*
inexpensive *murah*
infection *infeksi*
infectious *menular*
inflammation *radang*
information *informasi,
  keterangan*
information office *kantor
  informasi*
injection *suntikan, injeksi*
injured *terluka*
inner tube *ban dalam*
innocent *tidak bersalah*
insect *serangga*
insect bite *gigitan serangga*
insect repellent *obat nyamuk*
inside *di dalam*
instructions *petunjuk*
insulin *insulin*
insurance *asuransi*
interested *tertarik*
interesting *menarik*
intermission *istirahat*
internal *dalam*
international *internasional*
Internet *internet*
Internet café *warnet*
interpreter *penerjemah*

intersection *persimpangan*
introduce oneself *memperkenalkan*
invite *ajak, undang*
invoice *tagihan, nota*
iodine *yodium*
Ireland *Irlandia*
iron (for clothes) *setrika*
iron (metal) *besi*
iron (v.) *menyetrika*
ironing board *papan setrikaan*
Islam *Islam*
island *pulau*
itch *gatal*

J

jack (for car) *dongkrak*
jacket *jaket*
jackfruit *nangka*
jam *selai*
January *bulan Januari*
Japan *Jepang*
jaw *rahang*
jeans *celana jins*
jellyfish *ubur-ubur*
jeweler *tukang emas*
jewelry *perhiasan*
Jewish *Yahudi*
job *pekerjaan, tugas*
jog *joging*
joke *canda*
journalist *wartawan*
journey *perjalanan*
Judaism *agama Yahudi*
juice *jus*
July *bulan Juli*

jump *lompat*
June *bulan Juni*

K

kerosene *minyak tanah*
key *kunci*
kidney *ginjal*
kill (v.) *bunuh*
killed *tewas*
kilogram *kilogram*
kindly *baik hati*
king *raja*
kiss *cium*
kitchen *dapur*
knee *lutut*
knife *pisau*
knit *merajut*
know (something) *tahu, mengetahui*
know (someone) *kenal, mengenal*

L

lace (fabric) *renda*
laces (for shoes) *tali sepatu*
lactose intolerant *tidak bisa minum susu*
ladder *tangga*
lake *danau*
lamp *lampu*
land (ground) *tanah*
land (v.) *mendarat*
lane (of traffic) *jalur*
language *bahasa*
large *besar*
last (endure) *bertahan*
last (final) *terakhir*

last (one) *penghabisan*
last night *tadi malam*
late *terlambat*
later *nanti*
laugh *ketawa*
laundrette, laundry *binatu*
laundry soap *sabun cuci baju*
law *hukum*
lawyer *pengacara, advokat*
laxative *obat peluntur*
lazy *malas*
leaf *daun*
leak *bocor*
learn *belajar*
leather *kulit*
leather crafts *kerajinan kulit*
leave *pergi, berangkat*
leave behind *meninggalkan*
left *kiri*
left behind *tertinggal*
leg *kaki*
leisure *waktu senggang*
lemon *jeruk nipis*
lend *pinjam*
lens (camera) *lensa*
leopard *macan*
less *kurang*
lesson *pelajaran*
letter *surat*
lettuce *selada*
library *perpustakaan*
license *izin, ijin*
lie (down) *baring*
lie (falsehood) *berbohong*
lie down (sleep) *tiduran*
lift (elevator) *lift*

lift (in car) *menumpang*
light (lamp) *lampu*
light (not dark) *terang*
light (not heavy) *ringan*
light bulb *bola lampu*
lighter *korek api*
lightning *kilat*
like, as *seperti*
line *garis*
linen *seprei dan bantal*
lining *lapisan*
liquor store *toko minuman keras*
list, menu *daftar*
listen *dengar, mendengarkan*
liter *liter*
literature *kesusastraan*
little (a little) *sedikit*
little (amount) *sedikit*
little (small) *kecil*
live (alive) *hidup*
live (v.) *tinggal*
liver *hati*
lobster *udang besar*
local *lokal, setempat*
lock *kunci*
long *panjang*
long-distance call *SLJJ*
look after *jaga*
look at *lihat, melihat*
look for *cari, mencari*
look up *mencari*
lost (can't find way) *tersesat*
lost (missing) *hilang*
lost and found office *kantor barang hilang*
lotion *losen*

loud *keras*
love *cinta*
love (v.) *cinta, mencintai*
lover, darling *kekasih*
low *rendah*
low tide *air surut*
LPG *gas elpiji*
luck *untung*
luggage *koper*
luggage locker *penitipan bagasi*
lumps (sugar) *gula padat*
lunch *makan siang*
lungs *paru*

M

machine *mesin*
madam *ibu, nyonya*
magazine *majalah*
magic *sihir*
mail (letters) *surat*
mail (v.) *kirim, mengirim*
main *besar*
main post office *kantor pos pusat*
main road *jalan raya*
make an appointment *buat janji*
make love *bersetubuh*
make, create *buat, membuat*
makeshift *sementara*
makeup *dandan*
mall *mal*
man *pria, laki-laki*
manager *manajer*
mango *mangga*
manicure *manikur*
mankind *manusia*

many *banyak*
map *peta*
marble *marmer*
March *bulan Maret*
margarine *margarin*
marina *dermaga*
marital status *status perkawinan*
market *pasar*
married *kawin*
mask *topeng*
massage *pijat*
mat (at door) *keset*
mat (on table) *tatakan meja*
match *pertandingan*
matches *korek api*
matter, subject *hal*
mattress *kasur*
May *bulan Mei*
may (v.; have permission) *boleh*
maybe *mungkin*
mayonnaise *mayones*
mayor *walikota*
meal *makanan*
meaning *berarti*
measure *ukur, mengukur*
measure out *menakar*
measuring jug *cangkir takaran*
meat *daging*
media *media, pers*
medication *pengobatan*
medicine *obat*
meet *bertemu*
melon *melon*
member *anggota*
member of parliament *anggota DPR*

membership card *kartu keanggotaan*

mend *memperbaiki*

menstruation *mens, datang bulan, haid*

menu *menu, daftar makanan*

message *pesan*

metal *besi*

meter (in taxi) *argo*

meter (measure) *meter*

midday *siang*

migraine *sakit kepala sebelah, migren*

mild (taste) *sedang*

military, army *tentara*

milk *susu*

millimeter *milimeter*

million *juta*

mineral water *air mineral*

minister (government) *menteri (government)*

minister (religion) *pastor*

minute *menit*

mirror *cermin*

miss (flight, train) *ketinggalan*

miss (loved one) *rindu*

missing *hilang*

missing person *orang hilang*

mist *kabut*

mistake *kesalahan*

mistaken *keliru*

misty *berkabut*

misunderstanding *salah paham*

mixed *campur*

mobile phone *HP, ponsel*

modern art *seni modern*

moment *saat*

monastery *biara, vihara*

Monday *hari Senin*

money *uang*

monkey *monyet*

month *bulan*

moon *bulan*

more *lagi*

more (more than) *lebih*

morning *pagi*

mosque *mesjid*

mosquito *nyamuk*

mosquito coil *obat nyamuk bakar*

mosquito net *kelambu*

most *paling*

mother *ibu*

mother-in-law *ibu mertua*

motorbike *sepeda motor*

motorboat *kapal motor*

mountain *gunung*

mountain hut *pondok di gunung*

mouse *tikus*

mouth *mulut*

move *pindah*

much *banyak*

mud *lumpur*

muffler *knalpot*

muscle *otot, urat*

muscle spasms *kejang otot*

museum *musium, museum*

mushrooms *jamur*

music *musik*

Muslim *orang Islam*

N

nail (finger) *kuku*
nail (metal) *paku*
nail file *kikiran kuku*
nail scissors *pemotong kuku*
naked *telanjang*
name *nama*
nappy, diaper *popok*
nationality *kebangsaan*
natural *alami*
nature *alam*
naughty *nakal*
nauseous *mual, pusing*
near *dekat*
necessary *perlu*
neck *leher*
necklace *kalung*
necktie *dasi*
needle *jarum*
negative (photo) *klise*
neighbor *tetangga*
nephew *keponakan*
net *jaring*
never *belum pernah*
new *baru*
New Zealand *Selandia Baru*
news *berita*
news stand *kios koran*
newspaper *koran, surat kabar*
next (in time) *kemudian*
next (one) *berikutnya*
next to *sebelah*
nice (person) *baik*
nice (pleasant) *menyenangkan*
niece *keponakan*
night *malam*

night duty *tugas malam*
nightclothes *pakaian tidur*
nightclub *kelab malam, diskotek*
nightdress *daster*
nipple (bottle) *pentil*
no *tidak*
no entry *dilarang masuk*
no-one *tak seorangpun*
noise *ribut*
nonstop *langsung*
noodles *bakmi/mi*
normal, usual *biasa*
north *utara*
nose *hidung*
nose drops *obat tetes hidung*
nosebleed *mimisan*
not *bukan*
not yet *belum*
notebook *buku catatan*
notepad *notes*
notepaper *kertas catatan*
nothing *tidak ada*
November *bulan November*
now *sekarang*
nowhere *tidak di mana-mana*
number *nomor*
number plate *plat nomor*
nurse *perawat*
nuts *kacang*

O

occupation *pekerjaan*
ocean *samudera*
October *bulan Oktober*
off (gone bad) *busuk*

off (not on) *mati*
offer *tawaran*
office *kantor*
often *sering*
oil *minyak*
oil level *jumlah minyak*
oil pump *pompa oli*
ointment *salep*
okay *baik*
okay: it's okay *tidak apa-apa*
old (age) *tua*
old (thing) *lama*
on (turned on) *nyala, pasang*
on board (plane, ship) *di atas pesawat*
on board (bus) *di dalam kendaraan*
on the left *di sebelah kiri*
on the right *di sebelah kanan*
on the way *dalam perjalanan*
on time *tepat waktu*
on, at *pada, di*
oncoming car *mobil yang mendekati*
one-way ticket *karcis sekali jalan*
one-way traffic *jalan satu arah*
onion *bawang*
only *hanya, saja*
open *buka*
open (v.) *buka, membuka*
operation (medical) *operasi*
operator (telephone) *operator*
opposite *lawan*
optician *optik, ahli kacamata*
or *atau*
orange (color) *warna oranye*

orange (fruit) *buah jeruk*
order *pesanan*
order (v.) *pesan, memesan*
organic *organik*
original *asli*
other *yang lain*
other side *di sisi lain*
outside *di luar*
over there *di sana*
overpass (for walking) *jembatan penyeberangan*
overpass (for cars) *jembatan layang*
overseas *luar negeri*
overtake *salip, menyalip*
own (v.) *milik*
owner *pemilik*
oyster *tiram*

P

packed lunch *bekal*
page *halaman*
pain *rasa sakit*
painkiller *obat untuk rasa sakit*
paint *cat*
paint (v.) *lukis, melukis*
painting *lukisan*
pajamas *piyama*
palace *istana*
palace (in Bali) *puri*
palace (in Java) *kraton*
pan *panci*
pane *kaca*
panties *celana dalam*
pants *celana*
pants (long) *celana panjang*

pants (short) *celana pendek*
pantyhose *stoking wanita*
papaya *pepaya*
paper *kertas*
paraffin oil *minyak parafin*
parasol *payung*
parcel *bungkusan*
pardon *maaf*
pardon me *minta maaf*
parents *orang tua*
park (v.) *parkir*
park, gardens *taman, kebun*
parking garage *gedung parkir*
parking space *tempat parkir*
part (car) *onderdil, suku cadang*
partner *pasangan*
party *pesta*
pass *lewat, melewat*
passable (road) *(jalan) bisa dilewat*
passed *sudah lewat*
passenger *penumpang*
passionfruit *buah markisa*
passport *paspor*
passport photo *pasfoto*
past (time) *dahulu*
patient (calm) *sabar*
patient (doctor's) *pasien*
pay *bayar, membayar*
pay the bill *bayar rekening*
peanut *kacang tanah*
pearl *mutiara*
peas *kacang polong*
pedal *pedal*
pedestrian crossing *penyeberangan*

pedicure *pedikur*
pen *pena, bolpoin*
pencil *pensil*
penis *penis*
penknife *pisau lipat*
people *masyarakat*
pepper (black) *lada hitam*
pepper (chilli) *cabe*
perfect *sempurna*
performance *pertunjukan*
perfume *minyak wangi, parfum*
perhaps *mungkin*
period (menstrual) *haid, mens, datang bulan*
permit *izin, ijin*
person *orang*
personal *pribadi*
pet *hewan peliharaan*
petrol *bensin*
petrol station *pompa bensin*
pharmacy *apotek*
pharmacist *apoteker*
phone *telepon*
phone (v.) *telepon, menelepon*
phone booth *telepon umum*
phone card *kartu telepon*
phone directory *petunjuk telepon*
phone number *nomor telepon*
photo *foto*
photocopier *mesin fotokopi*
photocopy *fotokopi*
photocopy (v.) *memfotokopi*
phrasebook *buku ungkapan*
pick up (come to) *jemput, menjemput*

pickpocket *copet*
picnic *piknik*
picture *gambar*
pig *babi*
pill (contraceptive) *pil KB*
pillow *bantal*
pillowcase *sarung bantal*
pills, tablets *tablet*
pin *peniti*
pineapple *nanas*
pipe (plumbing) *pipa air*
pipe (smoking) *pipa rokok*
pity *sayang, kasihan*
place *tempat*
place of interest *obyek wisata*
plain (not flavored) *tawar*
plain (simple) *biasa*
plan (intention) *rencana*
plan (map) *peta*
plane *pesawat terbang*
plant *tumbuhan*
plaster cast *balutan gips*
plastic *plastik*
plastic bag *tas plastik*
plate *piring*
platform (train) *peron*
play (theater) *sandiwara*
play (v.) *main, bermain*
play golf *main golf*
play sports *berolahraga*
play tennis *main tenis*
playground *taman bermain*
playing cards *kartu remi*
pleasant *enak, menyenangkan*
please (asking for action)
 tolong

please (asking for thing) *minta*
please (go ahead) *silakan*
please (let's) *mari*
please (try) *coba, mencoba*
pleasure *kenikmatan*
plug (electric) *steker*
pocket *kantong*
pocket knife *pisau lipat*
point out *tunjukkan,*
 menunjukkan
poison *beracun*
poisonous *racun*
police *polisi*
police officer *polisi*
police station *kantor polisi*
pond *kolam*
pony *kuda poni*
pool (swimming) *kolam renang*
poor *miskin*
population *jumlah penduduk*
pork *daging babi*
port *pelabuhan*
porter (concierge) *bellboy*
porter (for bags) *kuli*
possible *mungkin*
post (v.) *mengepos*
post office *kantor pos*
postage stamp *perangko*
postbox *kotak pos*
postcard *kartu pos*
postcode *kode pos*
postpone *tunda, menunda*
potato *kentang*
potato chips *keripik kentang*
poultry *unggas*
powdered milk *susu bubuk*

power outlet *stopkontak*
prawn *udang*
prayer *doa*
precious metal *logam mulia*
precious stone *batu mulia*
prefer *lebih suka*
preference *pilihan*
pregnant *hamil*
prescription *resep dokter*
present (gift) *hadiah, kado*
present (here) *ada, hadir*
president *presiden*
press (media) *pers*
press (a button) *pencat*
press (down) *tekan*
pressure *tekanan*
pretty *cantik*
price *harga*
price list *daftar harga*
print (picture) *cetakan*
print (v.) *cetak, mencetak*
prison *penjara*
private *pribadi*
probably *barangkali*
problem *masalah, problem*
profession *profesi*
profit *untung, laba*
program *program, acara*
promise *janji*
pronounce *mengucapkan*
propane *propan*
proud *bangga*
public *umum*
pudding *puding*
pull *tarik, menarik*
pull a muscle *keseleo*

pulse *denyut*
punctured *bocor*
pure *murni*
purify *memurnikan*
purple *ungu*
purse *dompet*
push *dorong, mendorong*
puzzle *teka teki*
pyjamas *piyama*

Q

quality *kwalitas*
quarter *seperempat*
quarter of an hour *seperempat jam*
queen *ratu*
question *pertanyaan*
queue (v.) *antri*
quick *cepat*
quiet *sepi*

R

rabbit *kelinci*
radio *radio*
railroad, railway *rel kereta api*
railway crossing *persimpangan kereta api*
railway crossing *perlintasan kereta api*
rain *hujan*
rainbow *pelangi*
raincoat *jas hujan*
rape *perkosaan, memperkosa*
rapids *riam*
rarely *jarang*
rash (on skin) *ruam*
rat *tikus*

raw *mentah*

razor blade *silet cukur*

read *baca, membaca*

ready *siap*

really *sungguh, benar-benar*

reason *alasan*

receipt *kwitansi*

receive *terima, menerima*

reception desk *meja resepsi*

recipe *resep makanan*

reclining chair *kursi malas*

recommend *sarankan, menyarankan*

recover *sembuh*

rectangle *empat persegi panjang*

red *merah*

red wine *anggur merah*

reduction *potongan harga*

refrigerator *lemari es, kulkas*

refund *uang kembali*

refuse, reject *tolak, menolak*

regards *hormat*

region *wilayah, daerah*

registered *tercatat*

reject *tolak, memolak*

relatives *keluarga, saudara*

relax *santai*

reliable *dipercaya*

religion *agama*

remember *ingat*

rent *sewa, menyewa*

rent out *disewakan, menyewakan*

repair *perbaiki, memperbaiki*

repeat *ulang*

reply *jawab*

report (v.) *lapor, melapor*

report (police) *laporan (polisi)*

resemble *mirip*

reserve (book) *reservasi, mereservasi*

reserve (spare) *cadangan*

responsible *tanggung jawab*

rest *istirahat*

restaurant *rumah makan, restoran*

restroom *WC, kamar kecil*

result *hasil*

retired *pensiun*

return ticket *tiket pulang-pergi*

return, come back *kembali*

reverse (car) *mundur*

rheumatism *rematik*

ribbon *pita*

rice (cooked) *nasi*

rice (plant) *padi*

rice (uncooked) *beras*

rice field *sawah*

rich *kaya*

ridiculous *aneh, lucu*

riding horseback *naik kuda*

right (correct) *benar, betul*

right (side) *kanan*

ring *cincin*

rinse *bilas, membilas*

ripe *matang*

risk *resiko*

river *sungai*

road *jalan*

roasted *panggang*

rob *rampok*

rock (stone) *batu*

roll (bread) *roti*
romantic *romantis*
roof *atap*
roof rack *rak bagasi*
room *kamar*
room number *nomor kamar*
room service *layanan kamar*
rope *tali*
route *rute*
rowboat *perahu dayung*
rubber *karet*
rubbish, garbage *sampah*
rude *kasar, kurang ajar*
ruins *peninggalan*
run *lari, berlari*
running shoes *sepatu olahraga*

S

sad *sedih*
safe *aman, selamat*
safe (for cash) *brankas*
safety pin *peniti*
sail *layar*
sail (v.) *berlayar*
sail boat *kapal layar*
salad *selada*
salary *gaji*
sale *obral*
sales clerk *pramuniaga*
salt *garam*
same *sama*
sand *pasir*
sandals *sepatu sendal*
sandy beach *pantai pasir*
sanitary towel *pembalut wanita*
satisfied *puas*

Saturday *hari Sabtu*
sauce *saus*
saucepan *panci*
sauna *sauna*
say *berkata, mengatakan*
scald (injury) *luka bakar*
scales *timbangan*
scared *takut*
scarf (headscarf) *syal, selendang*
scary *menakutkanl*
schedule *jadwal*
school *sekolah*
scissors *gunting*
Scotland *Skotlandia*
scream *teriak*
screw *sekrup*
screwdriver *obeng*
scuba diving *selam scuba*
sculpture *ukiran*
sea *laut*
search *cari*
seasick *mabuk laut*
seat *tempat duduk, kursi*
second (in line) *kedua*
second (instant) *detik*
second-hand *bekas*
secret *rahasia*
sedative *obat penenang*
see *lihat, melihat*
sell *jual, menjual*
send *kirim, mengirim*
sentence *kalimat*
separate *pisah, memisahkan*
separated *terpisah*
September *bulan September*

serious *serius*

seriously *sungguh*

service *layanan*

service station *pompa bensin*

serviette *serbet*

sesame oil *minyak wijen*

sesame seeds *biji wijen*

set (group) *kelompok*

set in place *pasang, memasang*

sew *jahit, menjahit*

shade *tempat teduh*

shallow *dangkal*

shame *memalukan*

shampoo *shampo*

shark *ikan hiu*

shave *cukur, bercukur*

shaver *alat cukur*

shaving cream *krem cukur*

sheep *domba*

sheet *seprei*

ship *kapal*

ship (v.) *mengirim melalui kapal*

shirt *kemeja, baju*

shock absorbers *sokbreker*

shocked *kaget*

shocking *mengagetkan*

shoe *sepatu*

shoe polish *semir sepatu*

shop (v.) *belanja, berbelanja*

shop assistant *pramuniaga, pelayan toko*

shop window *etalase*

shop, store *toko*

shopping center *pusat belanjaan, mal*

short *pendek*

short circuit *korsleting*

shorts (short trousers) *celana pendek*

shoulder *bahu*

show *memperlihatkan*

show (exhibition) *pemeran*

shower *pancuran*

shrimp *udang*

shut *tutup, menutup*

shutter (camera) *tombol potret*

shutter (on window) *pintu jendela*

shy, embarrassed *malu*

sieve *saringan*

sightseeing *bertamasya, lihat-lihat*

sightseer *turis, wisatawan*

sign (road) *tanda jalan*

sign (v.) *tanda tangan, menandatangani*

signature *tanda tangan*

silence *kesunyian*

silk *sutra*

silver *perak*

simple *sederhana*

since *sejak*

Singapore *Singapura*

Singaporean *orang Singapura*

single (only one) *satu*

single (unmarried) *belum menikah*

single ticket *karcis sekali jalan*

sir *Bapak, Tuan*

sister *saudara perempuan*

sit *duduk*

size *ukuran*

skin *kulit*

skirt *rok*
sky *langit*
sleep *tidur*
sleeping pill *obat tidur*
sleeve *lengan baju*
slip *terpeleset*
slippers *sandal*
slippery *licin*
slow *pelan*
slow train *kereta ekonomi*
small *kecil*
small change *uang kecil*
smell (bad) *bau*
smell (v.) *cium, mencium*
smile *senyum*
smoke *asap*
smoke (cigarette) *merokok*
smoke detector *detektor asap*
smoked *diasap*
snake *ular*
snow *salju*
soap *sabun*
soap powder *bubuk pencuci baju*
soccer *sepak bola*
soccer match *pertandingan sepakbola*
socket (electric) *stopkontak*
socks *kaos kaki*
soft drink *minuman bersoda*
sole (of shoe) *sol sepatu*
some *beberapa*
someone *seseorang*
something *sesuatu*
sometimes *kadang-kadang*
somewhere *suatu tempat*
son *anak laki-laki*

song *lagu*
soon *segera*
sore (painful) *sakit*
sore (ulcer) *bisul*
sore throat *sakit tenggorokan*
sorry *maaf*
soup *sup, kuah*
sour *asam*
south *selatan*
souvenir *oleh-oleh, kenang-kenangan*
soy sauce *kecap*
spanner, wrench *kunci inggris*
spare *cadangan*
spare parts *suku cadang, onderdil*
spare tire *ban serep*
spare wheel *roda cadangan*
speak *bicara, berbicara*
special *spesial, khusus*
specialist (doctor) *dokter ahli, dokter spesalis*
specialty (cooking) *masakan istimewa*
speed limit *batas kecepatan*
spell *eja, mengeja*
spices *bumbu*
spicy *pedas*
splinter *serpihan kayu*
spoon *sendok*
sport *olahraga*
sports center *pusat olahraga*
spot (place) *tempat*
spot (stain) *noda*
sprain *keseleo*
spring (device) *per*

spring (season) *musim semi*

square (plaza) *alun-alun*

square (shape) *persegi empat*

square meter *meter persegi*

squash (game) *permainan squash*

squash (vegetable) *labu*

squid *cumi-cumi*

stadium *stadion*

stain *noda*

stain remover *penghilang noda*

stairs *tangga*

stamp *perangko*

stand (be standing) *berdiri*

stand (put up with) *tahan, bertahan*

star *bintang*

starfruit *buah belimbing*

start *mulai*

station *stasiun*

statue *patung*

stay (in hotel) *menginap*

stay (remain) *tinggal*

steal *curi, mencuri*

steamed *kukus*

steel *baja*

steering column *batang setir*

steering wheel *roda setir*

stepfather *ayah tiri*

stepmother *ibu tiri*

steps *tangga*

sterilize (bottle) *mensterilkan*

sticking plaster *plester*

sticky tape *selotip*

stir-fried *tumis*

stitch *jahit*

stitches (in wound) *jahitan*

stomach *perut*

stomach ache *sakit perut*

stomach cramps *kram perut*

stone *batu*

stool (seat) *bangku*

stools (feces) *kotoran*

stop (bus) *halte bus*

stop (cease) *henti, berhenti*

stopover *persinggahan*

store, shop *toko*

storm *badai*

story (of building) *tingkat, lantai*

straight *lurus*

straight ahead *terus*

straw (drinking) *sedotan*

street *jalan*

street vendor *pedagang kaki lima*

strike (work stoppage) *mogok kerja*

string *tali, benang*

strong *kuat*

student (school) *pelajar*

student (university) *mahasiswa*

study *belajar*

stuff (things) *barang*

stuff (v.) *isi, mengisi*

stuffing *isi, busa*

stupid, idiot *bodoh*

subtitles *teks*

succeed *berhasil*

sugar *gula*

suggest (v.) *sarankan*

suggestion *saran*

suit (clothing) *setelan*

suitable *sesuai, cocok*

suitcase *koper*
summer *musim panas*
sun *matahari*
sunbathe *berjemur di matahari*
Sunday *hari Minggu*
sunglasses *kacamata hitam*
sunhat *topi*
sunrise *matahari terbit*
sunroof *kap mobil*
sunscreen *tabir surya*
sunset *matahari benam*
sunshade *visor*
sunstroke *pusing akibat sengatan matahari*
suntan lotion *tabir surya*
suntan oil *minyak anti matahari*
supermarket *toko swalayan*
surcharge *biaya tambahan*
surf (waves) *ombak*
surf (v.) *main selancar*
surface mail *pos biasa*
surfboard *papan selancar*
surname *nama keluarga*
surprise *kejutan*
surprised *terkejut*
suspicious *mencurigakan*
swallow *telan, menelan*
swamp *rawa*
swap, change *tukar, menukar*
sweat *keringat*
sweater *baju hangat, switer*
sweet *manis*
sweetcorn *jagung (manis)*
sweets *manisan*
swim *renang, berenang*
swimming costume *baju renang*

swimming pool *kolam renang*
swindle *tipu, penipuan*
swindled *tertipu*
switch *saklar*
syrup *sirop*

T

table *meja*
table tennis *tenis meja*
tablecloth *taplak meja*
tablemat *tatakan meja*
tablespoon *sendok makan*
tablets *tablet*
tableware *tembikar*
take *ambil, mengambil*
take (medicine) *minum obat*
take (photograph) *mengambil foto*
take time *perlu waktu*
take off, remove *lepas*
taken *diambil*
talk *bicara, berbicara*
tall *tinggi*
tampon *tampon*
tanned *sawo matang*
tap *keran*
tap water *air keran*
tape measure *meteran*
tassel *rumbai-rumbai*
taste *rasa*
taste (v.) *rasakan, merasakan*
tax *pajak*
tax-free *bebas pajak*
tax-free shop *toko bebas pajak*
taxi *taksi*
taxi stand *pangkalan taksi*

tea *teh*

tea (green) *teh hijau*

teacher *guru*

teacup *cangkir teh*

teapot *poci*

teaspoon *sendok teh*

teat (bottle) *dot*

teenager *remaja*

teeth *gigi*

telephoto lens *lensa tele*

television *televisi, TV*

temperature (body) *suhu badan*

temperature (weather) *suhu udara*

temple (in Bali) *pura*

temple (in Java) *candi*

temple (Buddhist) *vihara*

temple (Chinese) *klenteng*

temporary filling *tambalan sementara*

tempt *goda*

ten *sepuluh*

tender, sore *sakit*

tennis *tenis*

tent *tenda*

terminus *terminal (bis)*

terrace *teras, beranda*

thank you, thanks *terima kasih*

thankful *berterima kasih*

thaw *mencair*

theater *teater*

theft *pencurian*

there *disana*

thermometer (body) *termometer badan*

thermometer (weather) *termometer udara*

they *mereka*

thick *tebal*

thick (liquid) *kental*

thief *maling, pencuri*

thigh *paha*

thin (not fat) *kurus*

thin (not thick) *tipis*

think (believe) *merasa*

think (ponder) *pikir*

third (1/3) *sepertiga*

third (after second) *ketiga*

thirsty *haus*

this afternoon *siang ini*

this evening *malam ini*

this morning *pagi ini*

thorn, spike *duri*

thread *benang*

throat *tenggorokan*

throat lozenges *obat radang tenggorokan*

throw *lempar*

throw away *buang*

thunder *guntur*

thunderstorm *petir*

Thursday *hari Kamis*

ticket (admission) *karcis*

ticket (travel) *tiket*

ticket office *loket*

ticklish *geli*

tidy *rapi*

tie (necktie) *dasi*

tie (v.) *ikat, mengikat*

tiger *harimau*

tight *ketat*

time (occasion) *kali*

time (when) *waktu*
timetable *jadwal*
tin can *kaleng*
tin opener *pembuka kaleng*
tip (gratuity) *persen, tip*
tire *ban*
tire pressure *tekanan ban*
tired *capek*
tissues *tisu*
tobacco *tembakau*
today *hari ini*
toddler *anak balita*
toc *jari kaki*
together *bersama*
toilet *kamar kecil, toilet, WC*
toilet paper *kertas toilet, kertas WC*
toiletries *perlengkapan rias mandi*
tomato *tomat*
tomorrow *besok*
tongue *lidah*
tonight *nanti malam*
tool *alat*
tooth *gigi*
toothache *sakit gigi*
toothbrush *sikat gigi*
toothpaste *pasta gigi*
toothpick *tusuk gigi*
top up *mengisi (sampai penuh), menambah*
torch, flashlight *obor, senter*
total *jumlah semua, total*
tough (difficult) *berat*
tough (meat) *keras*
tough (person) *kuat*

tour *tur*
tour guide *pemandu wisata*
tourist information office *kantor informasi wisata*
tow *derek menyeret*
tow cable *kabel derek*
towel *handuk*
tower *menara*
town *kota*
town hall *balai kota*
toy *mainan*
traffic *lalu lintas*
traffic signal *lampu merah*
train *kereta api*
train station *stasiun kereta api*
train ticket *karcis kereta api*
train timetable *jadwal kereta api*
translate *terjemahkan*
translation *menerjemahan*
travel *berjalan, jalan-jalan*
travel agent *agen perjalanan*
traveler *wisatawan*
traveler's check *cek perjalanan*
treatment *pengobatan*
tree *pohon*
triangle *segitiga*
trick, cheat *tipu, menipu*
trim (haircut) *gunting rambut*
trip *perjalanan*
trouble, worry (v.) *repot*
trousers *celana*
truck *truk*
true *benar*
trustworthy *terpercaya*
try *coba, mencoba*
Tuesday *hari Selasa*

tuna *tongkol*
tunnel *terowongan*
turn off *matikan*
turn on *pasang, memasang*
turn over *balik*
turn over, upside down *terbalik*
TV *televisi, TV*
TV guide *daftar acara TV*
tweezers *jepitan*
twin bed *dua tempat tidur*
twins *kembar*
typhoon *angin topan*

U

ugly *jelek*
UHT milk *susu UHT*
ulcer *bisul*
umbrella *payung*
under *di bawah*
underpants *celana dalam*
underpass *terowongan*
understand *mengerti*
understanding *pengertian*
underwear *pakaian dalam*
undress *buka baju*
unemployed *menganggur*
uneven *tidak rata*
United Kingdom *Inggris*
university *universitas*
unkind, mean *jahat*
until *sampai*
up *atas*
upright *tegak lurus*
urgent, urgently *penting, mendesak*
urinate *kencing*

urine *air kencing*
use *pakai*
usually *biasanya*

V

vacant *kosong*
vacation *liburan*
vaccinate *vaksinasi, imunisasi*
vagina *vagina, liang peranakan*
valid *laku*
valley *lembah*
valuable *berharga*
valuables *barang berharga*
valve *katup*
van *van*
various *aneka*
vase *vas, tempat bunga*
vegetables *sayuran*
vegetarian *vegetarian*
vein *urat nadi*
velvet *beludru*
vending machine *mesin penjual*
venereal disease *penyakit kelamin*
venomous *berbisa*
vertical *vertikal*
very *sekali, sangat*
via *lewat*
victim *korban*
video camera *kamera video*
video recorder *kamera video*
view *pemandangan*
village *desa*
visa *visa*
visit *kunjungan*
visiting hours *jam kunjungan*

vitamins *vitamin*

voice *suara*

voice mail *kotak suara*

volcano *gunung api*

volleyball *bola voli*

vomit *muntah*

W

wait *tunggu, menunggu*

waiter, waitress *pelayan*

waiting room *kamar tunggu*

wake up *bangun*

Wales *Wales*

walk (n.) *jalan*

walk (v.) *jalan, berjalan*

walking stick *tongkat*

wall *tembok, dinding*

wallet *dompet*

want (v.) *mau, ingin*

war *perang*

wardrobe *lemari*

warm *hangat*

warn, remind *mengingatkan*

warning *peringatan*

warning light *lampu darurat*

wash (something) *cuci, mencuci*

wash (bathe yourself) *mandi*

washing *cucian*

washing line *tali jemuran*

washing machine *mesin cuci*

wasp *tawon*

wasteful *boros*

watch *nonton, menonton*

water *air*

water pump *pompa air*

water-skiing *ski air*

waterfall *air terjun*

watermelon *semangka*

waterproof *kedap air*

wave (n.) *ombak*

way (direction) *arah*

way (method) *cara*

we *kita, kami*

weak *lemah*

wear *pakai, memakai*

weather *cuaca*

weather forecast *ramalan cuaca*

wedding *perkawinan*

Wednesday *hari Rabu*

week *minggu*

weekday *hari kerja*

weekend *akhir pekan, akhir minggu*

weigh out *timbang, menimbang*

weight *berat*

weird *aneh*

welcome *selamat datang*

well (for water) *sumur*

well (good) *baik*

well (healthy) *sehat*

west *barat*

wet *basah*

what? *apa?*

what time? *jam berapa?*

wheel *roda*

wheelchair *kursi roda*

when? *kapan?*

where? (direction) *kemana?*

where? (location) *dimana?*

which (that, who) *yang*

which one? *yang mana?*

while *sambil*
white *putih*
white wine *anggur putih*
who? *siapa?*
why? *kenapa?*
wide *lebar*
wide-angle lens *lensa lebar*
widow *janda*
widower *duda*
wife *istri*
wild *liar*
will (future) *akan*
wind *angin*
window (in room) *jendela*
window (to pay) *loket*
windscreen wiper *kipas kaca mobil*
windscreen, windshield *kaca depan mobil*
windsurfing *selencar angin*
wine *minuman anggur*
winter *musim dingin*
wire *kawat*
with *dengan*
without *tanpa*
witness *saksi*
woman *perempuan*
wonderful *hebat*
wood *kayu*
wool *wol*
word *kata*
work *kerja, bekerja*
working day *hari kerja*
world *dunia*
worn out *usang*
worried *cemas*

wound *luka*
wrap up *bungkus, membungkus*
wrench, spanner *kunci Inggris*
wrist *pergelangan tangan*
wristwatch *jam tangan*
write *tulis, menulis*
write down *menuliskan*
writing pad *bloknot*
writing paper *kertas tulis*
wrong, incorrect *salah*

Y

yarn *benang wol*
year *tahun*
yellow *kuning*
yes *ya*
yesterday *kemarin*
yoga *yoga*
you (formal) *anda, Saudara*
you (informal) *kamu*
you're welcome *sama-sama*
young *muda*
youth *pemuda*
youth hostel *losmen*

Z

zebra crossing *penyeberangan*
zip *kancing tarik, ritsleting*
zoo *kebun binatang*

Published by Tuttle Publishing, an imprint of
Periplus Editions (HK) Ltd.

www.tuttlepublishing.com

Library of Congress Publication In Process

ISBN: 978-0-8048-4684-4

Distributed by

North America, Latin America & Europe
Tuttle Publishing
364 Innovation Drive
North Clarendon, VT 05759-9436 U.S.A.
Tel: 1 (802) 773-8930; Fax: 1 (802) 773-6993
info@tuttlepublishing.com
www.tuttlepublishing.com

Japan
Tuttle Publishing
Yaekari Building 3rd Floor 5-4-12 Osaki
Shinagawa-ku Tokyo 141 0032
Tel: (81) 3 5437-0171; Fax: (81) 3 5437-0755
sales@tuttle.co.jp;   www.tuttle.co.jp

Asia Pacific
Berkeley Books Pte. Ltd.
3 Kallang Sector #04-01, Singapore 349278
Tel: (65) 6741-2178; Fax: (65) 6741-2179
inquiries@periplus.com.sg;   www.periplus.com

Indonesia
PT Java Books Indonesia
Jl. Rawa Gelam IV No. 9,
Kawasan Industri Pulogadung,
Jakarta 13930, Indonesia
Tel: 62 (21) 4682 1088; Fax: 62 (21) 461 0206
crm@periplus.co.id;   www.periplus.com

ABOUT TUTTLE

"Books to Span
the East and West"

Our core mission at Tuttle
Publishing is to create books
which bring people together
one page at a time. Tuttle was
founded in 1832 in the small
New England town of Rutland,
Vermont (USA). Our funda-
mental values remain as strong
today as they were then—to
publish best-in-class books in-
forming the English-speaking
world about the countries and
peoples of Asia. The world
has become a smaller place
today and Asia's economic,
cultural and political influence
has expanded, yet the need
for meaningful dialogue and
information about this diverse
region has never been greater.
Since 1948, Tuttle has been
a leader in publishing books
on the cultures, arts, cuisines,
languages and literatures of
Asia. Our authors and pho-
tographers have won numer-
ous awards and Tuttle has
published thousands of books
on subjects ranging from
martial arts to paper crafts.
We welcome you to explore
the wealth of information
available on Asia at **www.
tuttlepublishing.com**.

22 21 20 19
5 4 3 2 1   1903MP

Printed in Singapore